O cerco de JERICÓ

Elizangela Chaves Dias
Leonardo Agostini Fernandes

O cerco de JERICÓ

Análise de Josué 2 e 6

Dados Internacionais de Catalogação na Publicação (CIP)
Angélica Ilacqua CRB-8/7057

Dias, Elizangela Chaves
O cerco de Jericó : análise de Josué 2 e 6 / Elizangela Chaves Dias, Leonardo Agostini Fernandes. – São Paulo : Paulinas, 2022.
136 p. (Coleção Literatura bíblica)

Bibliografia
ISBN 978-65-5808-160-9

1. Bíblia – Estudo e ensino 2. Bíblia. A.T. Josué I. Título II. Fernandes, Leonardo Agostini III. Série

22-1502   CDD 220.7

Índice para catálogo sistemático:
1. Bíblia – Estudo e ensino

Imagem de capa: Vaso antropoide de Jericó, período do Bronze Médio II (1750-1500 a.C.)
Museu Arqueológico de Rockefeller, Jerusalém, Israel

Direção-geral: *Flávia Reginatto*
Editores responsáveis: *Vera Ivanise Bombonatto*
Matthias Grenzer
Copidesque: *Mônica Elaine G. S. da Costa*
Coordenação de revisão: *Marina Mendonça*
Revisão: *Sandra Sinzato*
Gerente de produção: *Felício Calegaro Neto*
Capa e diagramação: *Tiago Filu*

1ª edição – 2022

Nenhuma parte desta obra poderá ser reproduzida ou transmitida por qualquer forma e/ou quaisquer meios (eletrônico ou mecânico, incluindo fotocópia e gravação) ou arquivada em qualquer sistema ou banco de dados sem permissão escrita da Editora. Direitos reservados.

Paulinas
Rua Dona Inácia Uchoa, 62
04110-020 – São Paulo – SP (Brasil)
Tel.: (11) 2125-3500
http://www.paulinas.com.br – editora@paulinas.com.br
Telemarketing e SAC: 0800-7010081

© Pia Sociedade Filhas de São Paulo – São Paulo, 2022

SUMÁRIO

Abreviaturas bíblicas 7
Siglas 9
Prefácio 11
Matthias Grenzer, PUC-SP

Apresentação 15
Introdução 19
   1. Nomenclatura 20
   2. Quem foi Josué? 22
   3. Estrutura e conteúdo do livro 24
   4. Valores da narrativa do ponto de vista
      histórico-literário 28
   5. Aspectos religiosos que se destacam no livro 31
   6. Em síntese 32

Josué 2: A prostituta Raab e os espiões de Jericó 35
Elizangela Chaves Dias
   Introdução 35
   1. Contexto literário 36
   2. Tradução do texto a partir do hebraico 43
   3. Estrutura e gênero literário 46
   4. Comentário exegético-teológico 48
   Considerações finais 65

Josué 6: A conquista de Jericó pelos filhos de Israel 69
Leonardo Agostini Fernandes

    Introdução 69
    1. Contexto literário 70
    2. Tradução do texto a partir do hebraico 75
    3. Estrutura e gênero literário 78
    4. Comentário exegético-teológico 80
    Considerações finais 109

Posfácio 113
Cássio Murilo Dias da Silva, PUCRS

Referências bibliográficas 119

Índice bíblico 127

ABREVIATURAS BÍBLICAS

ANTIGO TESTAMENTO

Gênesis	Gn	Cântico dos Cânticos	Ct
Êxodo	Ex	Sabedoria	Sb
Levítico	Lv	Eclesiástico (Sirácida)	Eclo
Números	Nm	Isaías	Is
Deuteronômio	Dt	Jeremias	Jr
Josué	Js	Lamentações	Lm
Juízes	Jz	Baruc	Br
Rute	Rt	Ezequiel	Ez
Samuel	1Sm, 2Sm	Daniel	Dn
Reis	1Rs, 2Rs	Oseias	Os
Crônicas	1Cr, 2Cr	Joel	Jl
Esdras	Esd	Amós	Am
Neemias	Ne	Abdias	Ab
Tobias	Tb	Jonas	Jn
Judite	Jt	Miqueias	Mq
Ester	Est	Naum	Na
Macabeus	1Mc, 2Mc	Habacuc	Hab
Jó	Jó	Sofonias	Sf
Salmos	Sl	Ageu	Ag
Provérbios	Pr	Zacarias	Zc
Eclesiastes (Coélet)	Ecl	Malaquias	Ml

NOVO TESTAMENTO

Mateus	Mt	Tessalonicenses	1Ts, 2Ts
Marcos	Mc	Timóteo	1Tm, 2Tm
Lucas	Lc	Tito	Tt
João	Jo	Filemon	Fm
Atos dos Apóstolos	At	Hebreus	Hb
Romanos	Rm	Tiago	Tg
Coríntios	1Cor, 2Cor	Pedro	1Pd, 2Pd
Gálatas	Gl	João	1Jo, 2Jo, 3Jo
Efésios	Ef	Judas	Jd
Filipenses	Fl	Apocalipse	Ap
Colossenses	Cl		

SIGLAS

aC	Antes de Cristo
AOP	Antigo Oriente Próximo
AT	Antigo Testamento
BH	Bíblia Hebraica
BHS	Bíblia Hebraica Stuttgartensia
col.	coluna(s)
LXX	*Septuaginta*
Mscs	Missionárias de São Carlos Borromeo Scalabrinianas
n.	número
NT	Novo Testamento
OHD	Obra Histórica Deuteronômico-Deuteronomista
p.	página
Pe.	Padre
TM^L	Texto Massorético Leningradense
v.	versículo
vol.	volume
vv.	versículos
VV.AA.	Vários Autores
YHWH	Tetragrama Sagrado (SENHOR)

PREFÁCIO

A Bíblia é um patrimônio cultural da humanidade. Trata-se, primeiramente, de textos com uma enorme *força poética*. Suas narrativas, seus poemas líricos e, também, seus conjuntos de leis foram artisticamente configurados. Quem gosta de ler algo bonito e bem escrito não deixará de ler a Bíblia.

No segundo momento, a Bíblia convida seus ouvintes-leitores e leitoras a acolher a *história*. História de um povo no meio de outros povos. História daquele mundo em que a humanidade se encontra. No caso, Israel se torna paradigma, sabendo-se que, desde as suas origens no pai Abraão, esse povo, em momento algum, chegou a existir sozinho. Ao contrário, sempre viveu na mais direta vizinhança aos demais povos no Antigo Oriente Próximo. Com isso, surgem relações bastante decisivas, tanto para Israel como para as outras nações.

Finalmente, a Bíblia é, sobretudo, um livro religioso. Promove uma enorme *reflexão teológica*. A beleza e a força poética de seus textos fazem vislumbrar a grandeza de Deus. Seu olhar para o mundo, com os seres abióticos, vegetais, animais e o ser humano, leva a pensar no Criador. E a história vivida pelo povo se torna transparente para a história da salvação.

Mesmo assim, apesar de toda essa sua grandeza, a Bíblia continua a ser um livro exigente. Por isso, além da oração, é preciso estudar para bem entender a Sagrada Escritura. Nesse sentido, sempre de novo, a Igreja Católica fala em "priorizar a formação bíblica. O objetivo é a superação dos subjetivismos irracionais e/ou das leituras ideológicas".[1]

Nesse sentido, alegro-me imensamente com o presente livro, com o qual Elizangela Chaves Dias e Leonardo Agostini Fernandes nos ajudam a compreender melhor dois capítulos do livro de Josué. Entre os escritos bíblicos, justamente o livro de Josué, na opinião de alguns, é tido como o mais violento e injusto na Bíblia. No entanto, vale a pena investir em "observações mais exatas, a fim de descobrir o que realmente se encontra escrito na Bíblia".[2]

Com as duas narrativas bíblicas de Js 2 e Js 6, as quais guardam muitas conexões entre si, os dois autores acolhem tradições que originaram a celebração popular do *cerco de Jericó*. De certo, a grandiosidade dos textos sagrados, quase automaticamente, instiga o ser humano a querer encenar o que é narrado. Isso me parece bom, por mais que se corra o risco de a materialização de imagens literárias provocar estreitamentos, capazes de empobrecer as dimensões teológicas que, de forma mais ampla, pertencem à narrativa poética contida na Bíblia. Todavia, o presente livro caminha na contramão desse perigo. Com o estudo proposto, cada leitor e cada leitora poderão revisitar as narrativas bíblicas em questão e descobrir, novamente e/ou de forma mais ampla, a mensagem rica que lhes é própria.

---

[1] COMISSÃO EPISCOPAL PASTORAL PARA A ANIMAÇÃO BÍBLICO-
-CATEQUÉTICA, 2021, n. 8.
[2] LOHFINK, 1999, p. 82.

Também a coautoria formada por Elizangela Chaves Dias e Leonardo Agostini Fernandes é significativa. Quatro olhos veem mais do que dois. E mulher e homem, juntamente, podem ter uma visão mais ampla. Aliás, justamente isso parece ocorrer nos textos bíblicos estudados aqui: Raab, mulher, e os dois espiões, homens enviados a Jericó por Josué, ao dialogarem entre si, melhor enxergam a realidade e a presença de Deus.

Contudo, a parceria pretende ser ainda mais ampla. Por mais que Elizangela Chaves Dias e Leonardo Agostini Fernandes nos conduzam e nos ajudem na compreensão de Js 2 e Js 6, todos somos convidados e convidadas a juntarmos nossos esforços para bem compreendermos a Bíblia. Mais ainda, justamente o Mês da Bíblia em 2022, que é o mês de setembro, oferece uma oportunidade ímpar para, outra vez, acolhermos o livro de Josué em nossas vidas e na nossa fé. Neste ano, pois, a Igreja Católica nos convida à leitura e ao estudo exatamente deste escrito bíblico.

O presente livro inicia uma coleção nova na Editora Paulinas, com o nome de "Formação bíblica". Espera-se que outros títulos, de formato e qualidade semelhantes, logo possam se juntar a ela. Assim, cada vez mais se investe para que o povo de Deus receba uma boa formação bíblica. Desse modo, faremos valer o desejo que Moisés, justamente, comunicou a Josué, filho de Nun, ministro dele: "Quem dera todo o povo do Senhor fosse de profetas" (Nm 11,29).

Matthias Grenzer, PUC-SP

APRESENTAÇÃO

Enquanto obra literária religiosa, a Sagrada Escritura, comumente chamada de Bíblia, é um produto posterior ao surgimento da cultura humana. Contudo, enquanto visão de mundo, Gn 1,1–2,4a e Gn 2,4b-25 fazem dela, por serem respectivamente relatos da criação centrados no ser humano, o ponto de partida dessa engenhosa capacidade que lhe permite se adaptar ao meio ambiente e transformá-lo, a fim de garantir sua existência. Então, pode-se dizer, com base em Is 55,10-11 e, principalmente, em Jo 1,14, que a Sagrada Escritura é a Palavra de Deus que se fez cultura, armou entre nós a sua tenda e nos faz produzir abundantes frutos.

Foi com base nessa percepção, assaz provocativa, que lemos atentamente e estudamos os dois textos que ora apresentamos sob o título: *O cerco de Jericó: análise de Josué 2 e 6*.

O primeiro estudo foi abordado, de modo particular e com a devida profundidade, fazendo-se uso da análise narrativa, concentrada nos seus elementos específicos (exposição, momento estimulante, complicação, clímax, ponto de virada, desfecho e conclusão).

O segundo estudo também seguiu a abordagem sincrônica, pela análise narrativa, concentrando-se na proposta de subdivisão, seguindo as sete partes identificadas em Js 6.

A proposta de apresentação dos dois estudos seguiu o mesmo esquema. Assim, além de oferecer um percurso exegético consistente, houve a preocupação de evidenciar, o máximo possível, a intertextualidade e a continuidade narrativa que existe entre Js 2 e 6.

A análise narrativa, enquanto aproximação sincrônica, considera o texto bíblico na sua forma final e canônica, revelando como está tecido e que força de persuasão contém. Nesse sentido, igualmente, sobressaem os elementos da retórica semítica.

Dentre os pontos relevantes, destaca-se que as traduções propostas foram feitas a partir do hebraico, língua em que os dois textos foram escritos e transmitidos ao longo dos séculos. Assim, valorizou-se a seiva vital presente na língua original, cujo aroma e sabor são próprios.

Sabe-se que a arte da comunicação, oral e escrita, é uma das principais características que separam o ser humano dos demais viventes; logo, pela escolha e pelo uso da análise narrativa, buscou-se compreender e demonstrar o modo como a mensagem foi elaborada e comunicada. A devida atenção ao relato, ao se reconhecer a forma textual de Js 2 e Js 6, permitiu perceber e refletir sobre como a história foi contada e qual o seu objetivo: envolver o leitor na narrativa.

Ao adotar esse procedimento, a análise dos textos revelou que esse envolvimento não ficou preso ao passado, mas continua exercendo a sua influência na vida de quem se dispõe a ler e a ir além da sua superfície, dando-se conta de que existem vários níveis textuais sempre abertos a novas e válidas interpretações.

Entre nós, autores, houve uma grande sintonia. Em primeiro lugar, proporcionada pelos dois textos que exigiram ser lidos e estudados conjuntamente, pois Js 6 é a lógica continuação de Js 2. Em segundo lugar, porque a abordagem sincrônica, adotada pela análise narrativa, permitiu-nos formar um *dueto*, na tentativa de interpretar os textos, entrelaçando as vozes feminina e masculina, exatamente como soa nas vozes humanas que protagonizam Js 2 e 6.

Sabedores de que nenhuma interpretação é definitiva e que os textos sempre estarão abertos a novas e lícitas hermenêuticas, dependendo da metodologia aplicada, esperamos que nossos leitores não apenas apreciem este livro, mas, onde a fragilidade humana deixou a sua marca, possamos contar com a sua fraterna condescendência.

Irmã Elizangela Chaves Dias, mscs
Pe. Leonardo Agostini Fernandes

INTRODUÇÃO

O sexto livro da Bíblia é um convite aberto ao ouvinte-leitor a participar da conquista, ou melhor, do dom da terra prometida. Os filhos de Israel se encontram na fronteira da terra de Canaã, às margens do rio Jordão, prontos para finalmente entrar na terra que o SENHOR prometera à Abraão e à sua descendência (Gn 12,4-9). O que o ouvinte-leitor provavelmente não espera, na leitura desse livro, é que a narrativa sobre o dom da terra esteja elaborada com uma linguagem bélica e violenta.

Ao se aproximar do livro de Josué, em geral, o ouvinte-leitor fica muito perplexo, pois está repleto de relatos de guerras, crueldades, massacres etc. Ao lado disso e do ponto de vista literário, precisa saber, porém, que nesse livro existe uma notória diferença entre os principais protagonistas envolvidos nas narrativas e suas ações: Deus e os filhos de Israel, mediados pela ilustre figura de Josué, sucessor de Moisés.

A história e as vicissitudes dos filhos de Israel, narradas no AT, seguem o mesmo padrão das narrativas do AOP no que se refere a relatos de guerras, duelos, conquistas, ocupações, destruições de territórios, deportações etc.

Visto, portanto, que o antigo Israel estava plenamente inserido no seu tempo, os autores do livro de Josué fizeram uso da mesma linguagem e imagens que os povos a ele circunvizinhos. Isto explica por que no livro de Josué se encontra esse modo, violento e terrível aos nossos olhos, de narrar a entrada e a conquista na terra de Canaã, fazendo uso de um vocabulário militar.[1]

O livro de Josué, na BH, abre o conjunto dos livros denominados de *Profetas Anteriores* (Js, Jz, Sm e Rs). Já na LXX, e nas edições cristãs, esses livros foram classificados de *Livros Históricos*.[2] O exame atencioso de toda essa literatura mostra uma continuidade histórica com o Pentateuco, em particular com o livro de Deuteronômio, que lhe serve de introdução e ambientação. Dt 34,9 introduz Josué na narrativa da morte de Moisés, retomada em Js 1,1-2, entrelaçando os relatos e permitindo a percepção da "história" que segue o seu curso.

1. NOMENCLATURA

O título do livro advém do seu personagem principal, Josué, que se chamava *Oseias* (Nm 13,8; Dt 32,44). Este nome, porém, foi mudado por Moisés, quando foi eleito para representar a sua tribo na campanha de exploração da terra de Canaã (Nm 13,16). A mudança do nome demonstra que

---

[1] O vocabulário militar regia e predominava na história dos povos antigos: egípcios, assírios, babilônios, persas, gregos e romanos. O antigo Israel, por estar em constante contato com os povos circunvizinhos e por ter passado por inúmeras dominações estrangeiras, também fez uso desse vocabulário (VV.AA., 1997, p. 38-39).

[2] "Os 'Profetas', que designam a segunda parte da Bíblia hebraica, dividem-se em 'profetas anteriores' e 'profetas posteriores', cobrindo duas categorias bem diferentes de livros. Os primeiros são na realidade 'livros históricos', enquanto os segundos correspondem aos diferentes conjuntos de prédicas e de elementos biográficos e autográficos dessas personagens típicas de Israel que foram os profetas" (GIBERT, 1999, p. 36).

Moisés possuía autoridade sobre Josué, que, por vontade do SENHOR, acabará de se tornar seu sucessor.

Há uma razão para a mudança. Os dois nomes, Oseias e Josué, vêm da mesma raiz hebraica *yš'*, que, no grau verbal *nifal* (ação reflexiva ou passiva), significa "ser liberto, ser salvo, ser vitorioso", e, no grau *hifil* (ação causativa), significa "causar libertação, salvar, conceder vitória". Na mudança, Moisés deslocou o sentido da ação, ao passar de Oseias (*hôšē'a*), forma causativa, para Josué (em hebraico *yehšua'* ou *yehōšua'*, forma mais longa), transformando Oseias em um nome teofórico, pois recebeu as iniciais do Tetragrama Sagrado (YHWH), passando a significar "o SENHOR é salvação" ou "o SENHOR salva" (Js 1,1.9.10).[3]

A forma abreviada *yehšua'* tornou-se a mais comum após o exílio, mas na Obra do Cronista, onde ocorre vinte e nove vezes, prevalece a forma longa *yehōšua'/yehōšûa'* (1Cr 24,11; 2Cr 31,15; Esd 2,2; 3,2.8; Ne 3,19). Esta forma foi traduzida pela LXX como Ἰησοῦς (Eclo 46,1; 49,12); o mesmo nome que foi dado ao Filho de Deus encarnado: Jesus (Mt 1,21). Além disso, uma aproximação pode ser feita ao nome Josias, *yō'šiyyāhû*, cuja forma abreviada *yō'šiyyâ* significa "que o SENHOR sustente". A LXX traduziu por Ἰωσίας, isto é, Josias (1Rs 13,2; 2Rs 21,26).

---

[3] Segundo John E. HARTLEY (1998, p. 680-682), "Todos os feitos salvadores de YHWH fundamentam-se na justiça, refletidos no fato de que 'justiça' e 'salvação' são muitas vezes paralelos (Is 51,8). Embora cada ato de livramento contenha um elemento de juízo, aqueles que são julgados são culpados e, por isso, merecem essa justiça (Sl 76,8-10). De outro lado, sendo fiel à aliança e à criação do homem à sua própria imagem, Deus age de modo a proporcionar ao homem um meio para se livrar de sua desobediência original. Nesse aspecto, Deus cumpre sua responsabilidade de Redentor ao ser um Salvador. YHWH é, portanto, conhecido como 'Deus Justo e Salvador' (Is 45,21)".

2. QUEM FOI JOSUÉ?

Nas narrativas do Pentateuco, Josué é citado como auxiliar de Moisés durante a peregrinação pelo deserto. Filho de Nun e da tribo de Efraim (Ex 33,11; Nm 11,28; 13,8.16; Dt 1,38; 32,44; Js 1,1), era, então, um direto descendente de José e teve um importante papel durante a travessia e o tempo decorrido no deserto. A primeira tarefa foi a de chefiar a batalha contra os amalecitas, sobre a qual foi feito o primeiro registro escrito, por Moisés sob a ordem do Senhor, para a sua memória (Ex 17,8-16); depois, Josué acompanhou Moisés ao Sinai, quando o Senhor lhe entregou as placas de pedra contendo o Decálogo (Ex 24,13; 32,17).

Como dito, Josué foi o representante de sua tribo na expedição de reconhecimento da terra de Canaã. No regresso da expedição, à diferença dos outros dez exploradores escolhidos dentre as suas tribos, Josué defendeu, ao lado de Caleb, a possibilidade da conquista da terra e procurou animar a esperança do povo, exortando-o à confiança no Senhor. Por causa disso e da sua pessoal fidelidade, recebeu a autorização do Senhor para entrar na terra de Canaã (Nm 14,30.38; 26,65; 32,12).

A figura e a personalidade de Josué crescem no livro; pouco a pouco vai despontando como um segundo Moisés, pois o Senhor a ele se manifesta e lhe confere a missão de continuar a obra iniciada com Moisés (Js 1,1-5). Josué preparou os filhos de Israel para as admiráveis intervenções do Senhor (Js 3,5) e, pela narrativa, demonstrou ser um grande líder político e estrategista bélico. A sua missão, porém, revela-se profundamente religiosa e o seu sentido vem da aliança selada com Senhor (Js 8,30-35).

O valor da vocação e da missão de Josué pode ser definido pela sua incondicional fidelidade à Palavra do Senhor, em obediência à Torá de Moisés. Por ter resistido à tentação da falta de fé no retorno da expedição em Canaã e por ter-se revelado um fiel companheiro e auxiliar de Moisés, foi escolhido pelo Senhor como seu sucessor. Comandou a travessia do rio Jordão, a fim de realizar a conquista de Canaã, a terra prometida (Ex 17,8-16; 24,13; 32,17; 33,13; 34,13). Para isso, recebeu do Senhor, diante dos filhos de Israel, uma autoridade semelhante à que fora dada a Moisés. É o que se depreende, por exemplo, da comparação entre Nm 27,18-23 e Dt 31,7-8.14-15.23; 34,9.

Assim, surge, no livro, um paralelo entre as figuras de Josué e de Moisés. A vocação e a missão de Moisés, para as quais o Senhor prometeu a sua divina assistência (Ex 3,1–4,18), encontram eco na assistência que o Senhor prometeu a Josué (Js 5,1-5); como o Senhor escutou a voz de Moisés (Dt 9,19; 10,10), de igual modo escutará a voz de Josué (Js 10,14); também se diz que os filhos de Israel obedecerão a Josué como obedeceram a Moisés (Js 1,17). A aparição do homem com a espada desembainhada, chefe do exército do Senhor (Js 5,13-15), é paralela à teofania do anjo do Senhor na sarça ardente (Ex 3,2-6). A travessia do mar dos Juncos (Ex 14,15-31) é evocada na travessia do rio Jordão (Js 4,23). Por esses paralelos, pode-se dizer que Josué, assim como o grande líder Moisés, adquiriu respeito, veneração e foi exaltado pelo povo (Js 3,7; 4,14), terminando sua vida com o mesmo título do seu predecessor: "servo do Senhor" (Js 24,29).

Apesar desses paralelos, existe uma notória distância entre Moisés e Josué. Este não promulga leis em nome do Senhor; ao contrário, aparece como um fiel cumpridor das ordens, preceitos e leis que foram dados a Moisés e passaram para o livro da Lei, sobre o qual Josué devia meditar dia e noite (Js 1,6-9). Josué, apesar de ser apresentado como um digno sucessor de Moisés, por sua total submissão e obediência ao Senhor, atuou, muito mais, como um líder bélico, cuja missão foi a de conquistar Canaã e reparti-la entre as tribos. Josué, porém, nunca ocupou, na tradição e na literatura, o mesmo nível de Moisés, mediador, intercessor, juiz e profeta com o qual o Senhor falava face a face (Dt 34,10-12). Um dado singular, que endossa essa diferença, encontra-se no tempo de vida: Moisés viveu cento e vinte anos (Dt 34,7), enquanto Josué viveu cento e dez anos (Js 24,29).

Fora do livro, que traz seu nome, nota-se a ausência de referências à figura de Josué. Por exemplo, não foi citado nas narrativas clássicas que evocam os momentos fundadores da história do povo eleito (1Sm 12; Sl 78; 105; 106; 136; Ne 9). De igual modo, Josué não foi citado em textos que lembram a ocupação da terra (Sl 44; 68; 80). Apenas Ben Sirac dedicou um belo louvor a Josué (Eclo 46,1-8). Ao lado disso, surpreende que Josué receba apenas duas citações no Novo Testamento (At 7,45; Hb 4,8).

3. ESTRUTURA E CONTEÚDO DO LIVRO

A narrativa está articulada em duas direções: para o passado, pois completa a promessa da entrada na terra de Canaã, após a saída do Egito, e a sua consequente subdivisão; e para o futuro, pois inaugura uma nova etapa para os filhos de Israel, dando início à passagem de uma situação seminômade para a condição sedentária, pela agricultura, e vida urbana, pois o povo se instalou em cidades.

Josué, eleito sucessor de Moisés, por vontade do SENHOR, recebeu a missão de fazer os filhos de Israel atravessarem o rio Jordão e de estabelecê-los em Canaã. Pela narrativa, isso se deu através de conquistas bélicas, seguidas da divisão do território entre as doze tribos. Esses fatos são apresentados como realização das promessas feitas aos patriarcas. Assim, o povo liberto e organizado, guiado por uma lei, com a posse da terra, se tornava nação.

Um olhar para o desenvolvimento da missão de Josué permite dividir o livro em duas grandes partes, emolduradas por dois discursos.[4] No primeiro discurso, encontram-se dois elementos: a legitimação de Josué pelo SENHOR (Js 1,1-9) e a sua fala como novo líder ao povo (Js 1,10-18). Segue-se a entrada e a ocupação de Canaã, narradas em Js 2,1–12,24. Já a subdivisão do território é narrada em Js 13,1–22,34. No final do livro, encontra-se o discurso de despedida de Josué (Js 23,1-16), através do qual evoca sua missão, seguido da assembleia reunida em Siquém, onde ocorre a renovação da aliança, pela qual a geração que sobreviveu, juntamente com Josué, à entrada e à conquista decidiu permanecer fiel ao SENHOR e à sua aliança (Js 24,1-29).

As últimas seções do livro parecem apêndices. No primeiro, narra-se a morte e a sepultura de Josué, bem como os efeitos da sua vida e missão sobre o povo (Js 24,29-31). No segundo, narra-se o sepultamento dos ossos de José (Js 24,32), cumprindo as palavras do filho dileto de Jacó, em Gn 50,24-25, e que foram assumidas por Moisés em Ex

---

[4] "Josué 2–12 contém um conjunto de relatos sobre a conquista da terra e seus preparativos, enquanto Josué 13–22 apresenta especialmente listas a respeito da divisão da terra em doze partes, segundo o número das tribos de Israel" (RÖMER, 2010, p. 306).

13,19. A última notícia relata a morte do sucessor de Aarão, seu filho Eleazar, e sua sepultura em Gabaá, na montanha de Efraim (Js 24,33).

Esses apêndices envolvem a morte das lideranças, Josué e Eleazar, no sentido de que a missão foi devidamente cumprida. Ser sepultado sobre a própria tumba de família é a forma mais digna, se consideradas as inúmeras mortes que ocorreram no tempo do deserto e a própria morte de Moisés (Dt 34), que, como seus irmãos, Mirian (Nm 20,1) e Aarão (Nm 20,22-29), morreram e foram sepultados fora da terra prometida.

Uma leitura atenta do livro de Josué, todavia, pode revelar uma perspectiva totalmente nova, como no caso do cerco de Jericó. Fazendo uso da linguagem militar, a voz do narrador, na verdade, relata um ato litúrgico protagonizado pela Arca da Aliança, pelos sacerdotes e por todo o povo, sob a liderança de Josué e o comando do SENHOR. A verdadeira arma de Josué e do povo liderado por ele é a fé em Deus e a fiel observância à Torá de Moisés.

Da estrutura do livro, pode-se depreender aspectos da teologia da história salvífica.

O que começou com a teofania do SENHOR a Moisés no Sinai/Horeb (Ex 3,1–4,18), fazendo deste um arauto capaz de inculcar no povo a esperança da libertação e do retorno à terra de Canaã, passou a se realizar com as palavras proferidas pelo SENHOR a Josué e deste ao povo (Js 1,1-18).

A conquista, narrada em Js 2,1–12,24, atesta que o SENHOR cumpre as suas promessas e entrega Canaã aos filhos de Israel pelas mãos de Josué. Esta primeira parte conservou tradições populares antigas sobre combates e ações das doze tribos, que giram em torno do tema da conquista. A narrativa segue uma lógica interessante: Js 6,1–10,43 é um bloco que limita a conquista entre o futuro território de Judá, Simeão e Benjamim (Jericó, Hai, Betel e Gabaon), região centro-sul; Js 11,1–12,24 é um bloco que mostra como a conquista se estendeu para o norte de Canaã, para o leste e para o oeste do rio Jordão.[5]

Quem escreveu o livro de Josué, pelo visto, não tinha acesso aos detalhes históricos de fato, mas, a partir de fontes acessíveis (talvez tradições populares), procurou agrupar, em torno de Josué, protagonista de maior evidência da conquista, os "fatos" através de um relato breve, no qual a tomada de posse aparece como uma ação militar devidamente planejada e executada no tempo da ação de Josué e da geração que, sob seu comando, atravessou o rio Jordão e conquistou Canaã.

Dado singular se encontra em Js 13,1–22,34, pois são oferecidas listas topográficas, a fim de apresentar ao ouvinte-leitor uma ideia sobre o território que coube a cada uma das doze tribos de Israel. Tais listas podem ter sido inspiradas em dados da administração pública, provenientes dos tempos da monarquia (1Rs 4,7–5,8) e que talvez ainda correspondessem aos distritos da época do(s) autor(es). Tais listas, então, refletem uma retroprojeção para os tempos da conquista.[6]

---

[5] As descobertas arqueológicas dos últimos decênios e a documentação produzida, sobre o surgimento dos filhos de Israel em Canaã, se confrontam com as narrativas contidas no livro de Josué. O que pareceu resultar de uma investida rápida, na verdade foi fruto de um demorado e complexo processo (FINKELSTEIN; SILBERMANN, 2002, p. 85-109; LIVERANI, 2003, p. 37-58).

[6] Js 22,1–34 trata de um episódio que envolveu as três tribos que, antes da travessia do rio Jordão, já tinham recebido de Moisés seus territórios na Transjordânia. A condição para tal era a de auxiliar as tribos restantes nos

Assim, foi preservado o modelo de governo, baseado sobre lideranças tribais, antes do surgimento da monarquia no antigo Israel. Fato relevante é que tais listas mostram que a divisão do território foi uma ação conjunta de Josué e do sumo sacerdote Eleazar. Algo que corresponderia ao retorno do exílio sob a liderança de Zorobabel, filho de Salatiel, da casa de Davi, e de Josué, filho de Josedec, sumo sacerdote, durante o domínio persa. São modelos de liderança partilhada muito próximos ao de Josué e Eleazar.[7]

4. VALORES DA NARRATIVA DO PONTO DE VISTA HISTÓRICO-LITERÁRIO

O livro, primeiramente, oferece ao ouvinte-leitor a impressão de que a conquista da terra foi um sucesso e que os filhos de Israel entraram e se apossaram completamente do território. Contudo, o confronto entre certos textos do livro de Josué com o livro de Juízes revela uma visão diversa sobre a posse da terra, afirmando que a conquista não foi total, que cidades cananeias e grupos cananeus permaneceram no território (Js 11,22-23; 15,13-19.63; 16,10; 17,12.18; 19,47; Jz 1,1–2,5: especialmente Jz 1,19; 2,3; 3,1-6).

Como acenado, as pesquisas arqueológicas indicam que a invasão e tomada de posse da terra de Canaã, pelos filhos

---

combates pela posse de Canaã. O episódio evoca a necessidade de edificar um testemunho de fé capaz de garantir a coesão entre irmãos separados por um divisor natural, o rio Jordão (FERNANDES, 2017, p. 121-123).

[7] "A pequena província de Yehud não atraía muito a atenção dos persas; nossa informação para a história fatual desta região vem sobretudo dos relatos bíblicos (especialmente os contidos nos livros de Esdras, Neemias, Ageu e Zacarias), que refletem a ideologia da elite judaíta durante o período persa" (RÖMER, 2008, p. 166).

de Israel, não teria ocorrido sob a forma de uma investida bélica relâmpago.[8] As tribos do tempo de Davi e Salomão já se encontravam na Palestina no tempo de Josué, embora não se exclua que algum grupo possa ter vindo de fora, trazendo consigo a experiência de um tempo decorrido no deserto.[9]

Esses dados ajudam a entender que a narrativa procurou, acima de tudo, ressaltar o valor teológico e religioso dos fatos. A história da conquista, então, é narrada para colocar em relevo o cumprimento das promessas divinas (Js 1,3.6.11; 23,14).[10] Nessa história, Josué é o servo fiel e obediente ao SENHOR que, na verdade, desponta como o ilustre protagonista da conquista (Js 23,3). Tudo, em Josué e nas narrativas contidas no seu livro, evidencia esse protagonismo divino.

Pela análise das características literárias da narrativa, percebe-se que seu estilo é parecido ao de um relato de guerra. A descrição está envolvida em exageros e hipérboles, a fim de gerar uma noção bem otimista do relato. Assim, a entrada e a tomada de posse da terra, através de incursões

---

[8] Sobre "O problema da historicidade dos relatos de conquista em Josué" (RÖMER, 2010, p. 315-316).

[9] "Sobre a aparição dos israelitas no território de Canaã se trata de saber como foi – reconstrução histórica – ou de imaginar-se como pode ser – modelos históricos. As preferências dos exegetas se dividem em três modelos: a) Israel vem de fora, em uma onda compactada, e conquista pela força uma parte substancial do território de Canaã; b) Israel vem de fora e vai penetrando por infiltração pacífica e assentamentos estáveis, ao longo de um par de gerações; c) Israel se levanta desde dentro e desbanca a hegemonia das cidades-estado" (ALONSO SCHÖKEL, 1998, p. 414).

[10] Segundo a tradição profética, o SENHOR "encontrou" Israel no Egito e o conduziu pelo deserto (Os 9,10; 11,1-3; Jr 2,2), mas o povo, ao entrar em Canaã, não conseguiu eliminar todos os povos, como narrado no livro de Juízes.

de sucesso, refletem a assistência divina que garante o êxito nas batalhas.

Um exemplo de hipérbole, nesse estilo, encontra-se no número de homens aptos para a guerra. Js 4,13 afirma que Israel contava com 40 mil guerreiros. Uma cifra que faria supor uma população de quase 160 mil pessoas.[11] No século XIII aC, o exército do Egito, bem mais organizado, contava com cerca de 50 mil guerreiros. Tal hipérbole pode ser explicada como valor simbólico, a fim de realçar a mensagem de que os filhos de Israel são um grande povo (Gn 1,27-28; Ex 1,7.9). Nos antigos relatos dos povos do AOP, o uso da hipérbole era um recurso literário muito comum e não era considerado uma mentira como na lógica ocidental.

Na edição final do livro de Josué, depois do exílio na Babilônia, a entrada e a tomada de posse de Canaã foram ampliadas para além da vitória militar do SENHOR, através do seu servo Josué. Para os repatriados, a obediência à Torá se tornou a condição indispensável para não se perder mais a terra (Dt 28). Por isso, Js 1,1-7 é emblemático, pois não mostra Josué apenas como chefe militar, mas também como um rabino que, exclusivamente, devia se dedicar, dia e noite, à meditação da Torá. E em Js 23,6-13 aparece a forte

---

[11] Nm 1,20-46 afirma que os filhos de Israel saídos do Egito contavam 603.550 homens de guerra, sem incluir a tribo de Levi, separada pelo SENHOR para o serviço da tenda-santuário. Já Nm 26,1-56, não obstante toda a geração morta no deserto, ainda contava com 601.730 homens aptos para a guerra. O tempo da conquista foi visto pelo(s) autor(es) como uma profecia que orientava o antigo Israel para os dias de seu apogeu. Admitindo que a OHD teve início durante o reinado de Josias, a primeira edição do livro de Josué (Js 1–12) foi feita provavelmente por funcionários da sua corte, pretendendo mostrar que a ocupação de Canaã foi fruto de uma investida militar, porque o SENHOR era a divindade mais forte (RÖMER, 2008, p. 316).

insistência em cumprir tudo como está na Lei de Moisés. Em tom profético, a história é mestra da vida e das ações prodigiosas que o antigo Israel experimenta em relação à presença e à grandeza do SENHOR.

5. ASPECTOS RELIGIOSOS QUE SE DESTACAM NO LIVRO

O tema da *aliança* é central e quatro elementos a evocam: a *circuncisão*, dada a Abraão como sinal da pertença ao povo da promessa (Gn 17,1-27), é o sinal da aliança (Js 5,2-9); a *celebração da primeira Páscoa na terra* (Js 5,10-12) evoca o evento que marcou o sentido da saída do Egito (Ex 12,21-28); a *proclamação da Torá* (Js 8,30-35) resgata a aliança que fora promulgada no Sinai/Horeb (Ex 19,1–24,18) e que foi renovada com a nova geração, nas estepes de Moab (Dt 28,69–30,20); e, enfim, a *solene renovação da aliança* (Js 24,14-27), que, além de evidenciar a obediência de Josué e de sua família aos propósitos do SENHOR, também, do ponto de vista pedagógico, serviu para envolver todas as tribos no processo de transmissão dos eventos para as futuras gerações. Algo, porém, que parece não ter acontecido, pois Jz 2,6-19 figura como uma lógica continuação de Js 24,25-28 e apresenta uma espécie de síntese da deturpação da vida religiosa da geração que sucedeu a de Josué.

O tema da *aliança* revela, sobretudo, a singular característica do SENHOR: um Deus fiel que mantém a palavra dada a Abraão (Gn 12,1-3). Nesse sentido, evocar a fidelidade do SENHOR serviu para exortar o povo à lembrança dos acontecimentos que se deram na época da entrada, da conquista e da divisão de Canaã, e de que as promessas aos patriarcas continuam vigentes, mas não dispensam a fé e a fidelidade do povo ao Senhor, seu Deus.

Por conseguinte, deve-se perceber que a fidelidade de Israel deve encontrar sua razão de ser na fidelidade ao Senhor. É fundamental respeitar a *aliança* e cumprir os mandamentos e as leis (Js 1,8; 8,30-35 ; 23,1–24,28). Sob a lógica da retribuição pelas obras, o Senhor está com Israel quando vive, observa a aliança e realiza a sua divina vontade. É a partir dessa perspectiva que os acontecimentos são interpretados e se compreende a exigência do *ḥerem* aplicado aos demais povos. O *ḥerem* tinha por objetivo consagrá-los ao Senhor, a fim de se evitar toda e qualquer forma de desvios e de contaminação da fé com as práticas religiosas dos povos que habitavam Canaã.

Dado singular e que reúne os três aspectos anteriores encontra-se subjacente à imagem de que existe, sob a liderança de Josué, uma unidade civil e religiosa. O que ocorre em Js 24, na assembleia reunida em Siquém, é um ato de compromisso exemplar. Se, por um lado, a fala de Josué atestava a presença e a constante intervenção do Senhor, por outro lado, na pessoa de Josué, reunido com todas as tribos, encontra-se o sinal da unidade de Israel, que assume a obediência como condição indispensável para a sobrevivência em Canaã. Josué e seus feitos gloriosos, nesse sentido, são uma prolepse, isto é, um vislumbre da monarquia unida que ocorrerá sob o comando de Davi.

6. EM SÍNTESE

O livro de Josué não foi escrito para oferecer um relato detalhado de como se deu a conquista da terra de Canaã. O principal objetivo do livro é transmitir uma mensagem religiosa, ao evidenciar certos episódios em torno da conquista, a fim de demonstrar, acima de tudo, o protagonismo do SENHOR, Deus de Israel, como o autêntico conquistador de Canaã. Ele é o SENHOR dos Exércitos, que agiu através de Josué, um líder obediente, capaz de manter as tribos unidas, como se fossem "um só homem". A união e a coesão nos propósitos atestam que o fio condutor de toda a narrativa tem a ver com a realização das promessas e com a aliança entre o SENHOR e o povo que escolheu como sua pessoal propriedade (Ex 19,5-6; Js 1,3.6.11; 23,5.14; 24,13).

Do início ao fim, o livro atesta que o SENHOR manteve a palavra dada a Josué; logo, é fiel ao dizer: "estarei contigo" (Js 1,5.9.17; 23,3.10). Em contrapartida, Josué e todo o povo devem, a exemplo do seu Deus, manter fidelidade à Lei que lhes deu através do seu servo Moisés (Js 1,6-9; 3,32-35; 11,15; 23). Ao SENHOR devem servir, pois somente ele é "nosso Deus" (Js 24,18), e, por isso, não devem se contaminar com os demais povos e suas divindades (Js 23,6-13).

Por pertencer, na BH, aos *Profetas Anteriores*, o livro é permeado por uma visão profética da história. O que se deu durante a conquista era uma profecia das futuras realizações, mas também dos futuros fracassos, evocando, assim, à dupla perspectiva presente em Dt 28. Por meio da conquista e da divisão de Canaã, foi possível aludir às fronteiras e aos territórios que, nos relatos, seriam expandidos durante a monarquia com Davi e Salomão.

Se o rio Jordão era um divisor natural da terra prometida (Cisjordânia e Transjordânia), Js 22 atesta um modo de dizer algo sobre as tribos de Rubem, Gad e a meia tribo de Manassés. Ao erigir um altar com pedras às margens do rio Jordão, quase provocaram uma guerra fratricida, mas a questão religiosa foi resolvida, mostrando como, pelo diálogo entre as partes e pela fé, se salvaguardam as relações tribais. O ato, em si, aponta para a importância da futura instalação da tenda-santuário em Jerusalém, por Davi, e como ela se tornará o epicentro da vida religiosa do povo.

Portanto, a entrada e a conquista de Canaã são dois importantíssimos episódios da história dos filhos de Israel que apontam para a salvação, estritamente ligada à fidelidade ao SENHOR, às suas promessas e ao impacto da aliança. Por certo, Canaã não é uma terra conquistada uma vez por todas, mas sim uma conquista diária, símbolo da realização pessoal pela obediência incondicional da fé. Assim, atesta-se que a terra boa e fértil é, de um lado, pura dádiva do SENHOR, porém, de outro lado, é também fruto do empenho humano para guardá-la e protegê-la de tudo o que pode ferir a aliança. Entrar em Canaã e viver dos seus frutos evoca o paraíso perdido, mas reencontrado na bondade e na misericórdia do SENHOR, que nunca abandona a sua sublime criatura, criada à sua imagem e semelhança (Gn 1,26-27).

JOSUÉ 2

A PROSTITUTA RAAB E OS ESPIÕES DE JERICÓ

Elizangela Chaves Dias

INTRODUÇÃO

Js 2 coloca o seu ouvinte-leitor diante de uma das narrativas mais bonitas e intrigantes da Sagrada Escritura, no que diz respeito à qualidade literária e à perspectiva teológica. Nas entrelinhas da narrativa é possível ver a ação providente de Deus na história humana e a capacidade divina de transformar um comportamento meramente humano, movido por interesse, em uma ação salvífica.

O texto indicado exprime o cerne da revelação bíblica, enquanto Palavra de Deus em linguagem humana,[1] pois, ao entrar no mundo do texto, o ouvinte-leitor se depara com um enredo repleto de contradições, infidelidades, enganos, subterfúgios e imprecisões, no qual Deus, como protagonista, eleva-se em plena sinergia com os personagens da narrativa.

A história narrada em Js 2 possibilita uma diversidade de reflexões, mas se buscará manter o fio escarlate que

---

[1] Constituição Dogmática *Dei Verbum*, n. 12-13.

tece a narrativa para fazer alusão à aliança entre Raab e os espiões (Js 2,17), a qual liga Js 2 a Js 6, e seu significado, ao interno do livro de Josué. Para tanto, a exegese e a hermenêutica de Js 2, proposta ao longo deste estudo, seguirão uma abordagem sincrônica, sendo dividida em cinco etapas: (1) Contexto literário, a fim de situar a narrativa no tocante a sua delimitação; (2) Tradução do texto a partir do hebraico, permitindo colher com mais profundidade os detalhes da narrativa; (3) Estrutura e gênero literário, verificando a organização interna do texto e seus aspectos formais; (4) Comentário exegético-teológico, a partir da opção proposta de estruturação. Esse percurso se encerra com algumas considerações finais.

A abordagem de Js 2 e 6 expressa a força narrativa e a intencionalidade teológica do livro de Josué. Nestes dois capítulos se evidencia, de modo veemente, o verdadeiro protagonista da conquista da terra, a qual não foi fruto da força humana, nem de estratégias militares, tampouco do poder dos armamentos bélicos, mas sim do puro dom do SENHOR, que promete e cumpre, como está antecipado na fala de Raab: "Sei que o SENHOR lhes deu a terra". Tanto em Js 2 como em Js 6, a narrativa convida seu ouvinte-leitor a atravessar o rio Jordão, isto é, a passar da promessa da terra de Canaã à sua conquista e tomada de posse.

1. CONTEXTO LITERÁRIO

A narrativa que antecede imediatamente Js 2,1-24 aborda o tema da investidura de Josué e os preparativos para a travessia do rio Jordão. Js 1,1-18 serve de introdução ao livro inteiro. De fato, o início de uma narrativa, em geral, contém de forma antecipada a indicação do programa de toda a obra; sendo assim, o projeto do livro de Josué corresponde a atravessar o rio Jordão (Js 1,2) e a efetivar a posse da terra prometida (Js 1,3-4.6), através da fidelidade à lei dada pelo S<small>ENHOR</small> a Moisés (Js 1,7) e confiada à diária meditação e aplicação de Josué (Js 1,8); para tanto, é imprescindível que o sucessor de Moisés esteja devidamente preparado e que tenha a confiança do povo (Js 1,6-8.10-18).

Js 1,1 é um divisor de águas entre um antes e um depois da morte de Moisés, protagonista humano dos acontecimentos, ao lado do S<small>ENHOR</small>, dos eventos narrados de Ex 2,1 a Dt 34,12. A primeira frase do livro serve de demarcação textual, expressa pela voz do narrador, "depois da morte de Moisés" (Js 1,1), indicando que o que está por vir tem um sabor de novidade.

Sem delongas, o S<small>ENHOR</small> introduz a novidade, dirigindo a palavra diretamente a Josué, assistente de Moisés.[2] Em sua fala, o S<small>ENHOR</small>, autêntico condutor da história do seu povo, retoma o relato sobre a morte de Moisés (Dt 34,5-8). Essa segunda referência à morte do "servo do S<small>ENHOR</small>" confirma que o livro de Josué introduz um novo ciclo ou uma nova fase da história dos filhos de Israel. A missão de Moisés,

---

[2] Js 1,1 estabelece Josué como digno sucessor de Moisés, o qual é mencionado outras dez vezes neste capítulo como o destinatário da revelação divina. No entanto, uma clara distinção hierárquica é feita entre Moisés e Josué. Enquanto Moisés é descrito como "servo do S<small>ENHOR</small>" (עֶבֶד יְהוָה, em Js 1,1.13.15), já se tinha dito que nunca houve em Israel um profeta como Moisés, com quem o S<small>ENHOR</small> falava "face a face" (Dt 34,10). Josué herda a autoridade de Moisés, mas está um passo atrás, pois é descrito como "assistente de Moisés" (מְשָׁרֵת מֹשֶׁה: Nm 11,28; Js 1,1). No final do livro, porém, Josué é qualificado como "servo do S<small>ENHOR</small>" (עֶבֶד יְהוָה: Js 24,29), em uma clara alusão à sua incondicional obediência ao S<small>ENHOR</small> (COCCO, 2010, p. 27).

portanto, se concluiu na fronteira com a terra de Canaã (Dt 34,5-8), pois, em Js 1,1, tem início a nova etapa da história do povo da aliança, renovada nas estepes de Moab (Dt 28,69–30,20).[3]

Se em Dt 3,28 e Dt 31,7-8 era Moisés a transmitir as palavras de encorajamento a Josué, seu servo, em Js 1,1-9 o SENHOR fala diretamente com Josué, servo de Moisés, sem mediações. Referindo-se à terra prometida, o SENHOR usa o verbo hebraico *nātan*, isto é, "dar", no *qal qatal* (Js 1,2-3), indicando uma ação definitivamente realizada.

O SENHOR, então, já deu a terra em sua devida extensão aos filhos de Israel (Js 1,3-4; Dt 11,24), cumprindo com as promessas feitas aos antepassados (Js 1,6 evoca Gn 12,7; 13,15.17; 15,18; 17,8; 24,7; 48,4); resta saber como acontecerá a tomada de posse e a divisão da terra prometida pelo povo.

Nota-se que a posse da terra exige muito mais que um exército numeroso, organizado, bem liderado e disposto a combater por sua conquista. Além do dom da terra (Js 1,2-4), o SENHOR assegura a Josué sua fidelidade e divina companhia (Js 1,5.9). Josué, o comandante da guerra, no entanto, deve revestir-se de coragem e força (Js 1,6.7.9) para munir-se da observância e da prática de toda a lei prescrita por Moisés (Js 1,7-8).[4]

---

[3] FERNANDES, 2021, p. 2. O Horeb permanece o lugar da eleição e Moab o lugar do estabelecimento da futura nação que entrará e tomará posse da terra (MORAN, 1963, p. 86-87; WEINFELD, 1995, p. 76-98).

[4] Nota-se que a armas que garantem a vitória de Josué são a observância e prática da lei de Moisés. A narrativa sugere que o comandante da guerra, na verdade, é um rabino ideal e faz lembrar o Sl 1 (SKA, 2015, p. 70-73).

Há três dias do planejado para entrada na terra,[5] Josué manda escribas aos acampamentos para comunicar ao povo que se prepare para a travessia do rio Jordão, a fim de iniciar a conquista da terra (Js 1,10-11). As tribos que se haviam instalado na Transjordânia (Nm 32; Dt 3,18-20), isto é, as tribos de Manassés, Gadi e Rúben, deveriam enviar seus soldados para colaborar na batalha, conquista e apropriação da Cisjordânia, e esses se dispuseram a isso com um voto de obediência e prontidão (Js 1,12-18).

O narrador deixa o ouvinte-leitor em suspense quanto ao ingresso de Josué e do povo na Cisjordânia,[6] interrompendo a narrativa para introduzir a estratégia de Josué antes de se arriscar na batalha. Nesse ponto se insere a narrativa do envio de dois espiões para verificar as condições de ingresso em Canaã e preparar o assédio à cidade de Jericó (Js 2,1-24).[7]

O texto subsequente a Js 2,1-24 é Js 3,1–4,18. Nessa longa seção textual se narra a travessia do rio Jordão, o ingresso na terra de Canaã e a instalação em Gálgala.

---

[5] "Três dias" é um tempo, na Sagrada Escritura, entre a morte e a vida; é um auspício de esperança, de mudança. "Ao terceiro dia, Abrão ergue os seus olhos..." (Gn 22,4); Jonas esteve três dias e três noites no ventre do grande peixe (Jn 2,1), Oseias diz que ao terceiro dia o SENHOR nos erguerá e viveremos diante dele (Os 6,2). Era, portanto, apropriado que esse período transcorresse antes que o povo pudesse passar pela morte simbólica para o solo da vida, ou para a terra onde o povo eleito é destinado a viver em aliança com Deus (MEYER, 2013, p. 60).

[6] O suspense é um elemento necessário no processo criativo da narrativa. Para que haja surpresa é necessário que haja vazios; quanto maior o vazio, mais significativa será a surpresa (CHATMAN, 1978, p. 59-62).

[7] Em geral, afirma-se que Js 2 teve origem em antigas tradições históricas e que depois foi incorporado ao livro (MITCHELL, 1994, p. 36; SHERWOOD, 2006, p. 45-46).

A introdução de um novo cenário, com novos personagens e novo enredo, delimita o início dessa nova cena, situada inicialmente na Transjordânia (Js 3,1-2). Embora a introdução estabeleça continuidade geográfica e temática com o fim do relato precedente – o acampamento dos filhos de Israel na Transjordânia (Js 2,22-24), para onde os espiões retornam a fim de apresentar o resultado da missão em Jericó –, nesse novo episódio, a voz do narrador estabelece uma passagem de tempo (Js 3,1a) e retoma a cena relatada em Js 1,1-18, a partir do ponto deixado em suspense: "Transcorreram-se três dias, os escribas passaram em meio ao acampamento..." (Js 1,10; 3,2). Ademais, uma mudança de cenário é introduzida, ou seja, partem de Setim e chegam próximo às margens do rio Jordão. Esses elementos são indicadores textuais que permitem delimitar o fim do relato sobre Raab e os espiões em Js 2,22-24, e o início da cena da travessia do rio Jordão em Js 3,1-5, sem perder a continuidade e a inter-relação entre os relatos.

A narrativa da travessia do rio Jordão e do ingresso na terra de Canaã (Js 3,1–4,18) estabelece diversos paralelos com a narrativa da saída do Egito e a travessia do mar dos Juncos (Js 3,7; 4,14.23). Em ambas as narrativas, o SENHOR estanca o fluxo da água e o povo passa pelo leito do rio a pé enxuto (Js 3,7–4,18 evoca Ex 14,5-31); a Arca do SENHOR é a guia que orienta a passagem (Js 3,6-17 e 4,10-11), assim como a coluna de nuvem ou de fogo guiava e protegia os filhos de Israel (Ex 13,21-22; 14,19-20). Josué, na liderança do povo, desempenha o mesmo papel de seu antecessor, Moisés, no evento do êxodo (Js 3,7; 4,14).[8]

---

[8] Uma vez que Moisés se torna o líder paradigmático de Israel e Josué seu assistente, parece um desenvolvimento natural tentar fazer com que seu

Embora Js 2,1-24 pareça interromper a sequência narrativa, o ouvinte-leitor atento percebe certa continuidade e lógica entre as cenas dos quatro primeiros capítulos do livro de Josué, que colocam em evidência o caráter do SENHOR: Deus onipotente, conhecedor da arte da guerra, disposto a assumir o lado de Israel na conquista da terra prometida; Deus fiel à aliança e às promessas feitas aos antepassados. Essa imagem do SENHOR, que esteve ao lado dos filhos de Israel desde a saída do Egito e ao longo de todo o período do deserto, é invocada no discurso de Raab (Js 2,9-12); dado que se confirma nas cenas sucessivas. Ao lado do que é narrado sobre os feitos do SENHOR, o ouvinte-leitor toma conhecimento da missão de Josué na liderança do povo, guerreiro digno de confiança, porque é fiel à aliança e à observância da lei de Moisés.[9]

Nesse contexto, a cena de Raab e dos espiões desenvolve várias funções na macronarrativa: endossa a tática militar usada para conhecer o inimigo e armar a estratégia de ataque; evidencia que a terra prometida é habitada e o seu povo está em atitude de defesa em relação aos filhos de Israel, o que sugere que a conquista não será fácil; ademais, o sinal de que é o momento de executar o plano de guerra e iniciar a conquista é emitido por Raab, a prostituta. Entre outros, o relato explica a presença de povos cananeus após a

---

sucessor se assemelhe o máximo possível ao líder. Seria uma estratégia literária de legitimidade de Josué, o qual recebe a profecia da mesma forma que Moisés a recebeu, realizando rituais e sinais semelhantes aos de Moisés. Em outras palavras, Josué é um "segundo Moisés" (FARBER, 2016, p. 131-132).

[9] Josué é o modelo ideal de israelita segundo a perspectiva deuteronomista (GORDON; BAER, 2011, p. 67-68).

posse da terra, bem como coloca em questão a relação entre o *ḥērem* (anátema, extermínio)[10] e o *ḥesed* (misericórdia, lealdade, fidelidade, bondade),[11] sendo que o desfecho será relatado só em Js 6.

É intrigante e, ao mesmo tempo, interessante o fato de o narrador eleger a prostituta Raab como protagonista dessa narrativa. Como é possível que uma prostituta receba um destaque tão elevado, ao menos do ponto de vista canônico, considerando que o ouvinte-leitor se encontra no início da parte da BH denominada "Profetas anteriores"? Tendo em conta toda a expectativa de extermínio dos cananeus, sua vida será salva, pois ela reconhece e é capaz de expressar, em forma profética, a superioridade do líder de Israel em relação ao rei de Jericó e a todos os reis cananeus, como será demonstrado na tradução e no comentário que se seguem.

---

[10] O substantivo *ḥērem* significa "coisa consagrada, interdito, devoção, anátema, extermínio" e deriva do verbo *ḥāram*: "proscrever, consagrar, destruir totalmente" (NAUDÉ, 2011, p. 275-276). Na BH, designa o objeto consagrado ou o próprio interdito. O relato do assédio de Jericó é exemplar (Js 6). A cidade inteira é literalmente votada ao "anátema" (Js 6,17), e todos os filhos de Israel são advertidos a não preservar nada nem ficar com "coisa consagrada". Tudo deveria ser queimado, e o que não fosse estava reservado ao tesouro do S ENHOR; quem desobedecesse a essa lei e pretendesse tirar vantagem pessoal do botim de guerra, pagaria com a sua vida e a vida de sua família. É o que se narra em Js 7 (WOOD, 1998, p. 534-535).

[11] O substantivo *ḥesed*, em contextos de alianças e contratos, significa "lealdade", seja na esfera divina, seja na esfera humana. Além disso, *ḥesed* pode denotar também atos espontâneos de resgate ou livramento que, em linguagem profética, inclui fidelidade (GORDON; BAER, 2011, p. 209-216). Então, *ḥesed* é praticado em relações que eticamente vinculam parentes, hóspedes, aliados, amigos e governantes. Enquanto fidelidade corresponde às obrigações da aliança, explícitas ou implícitas. Fora de contextos contratuais, pode exprimir o sentido de amor e misericórdia, bondade (HARRIS, 1998, p. 500-503).

2. TRADUÇÃO DO TEXTO A PARTIR DO HEBRAICO[12]

¹E Josué, filho de Num, enviou secretamente, de Setim, dois homens para espionarem, dizendo:
"Ide e observeis a terra e a Jericó!"
Foram, pois, e entraram na casa de uma mulher prostituta, cujo nome era Raab. E ali se alojaram.
²Então, o rei de Jericó foi informado:
"Eis que uns homens israelitas entraram aqui esta noite, para espionar a terra".
³E o rei de Jericó mandou dizer a Raab:
"Faça sair os homens que vieram a ti, que entraram em tua casa, porque vieram para espionar toda a terra".
⁴A mulher, porém, tomou aqueles dois homens e os escondeu. Depois disse:
"De certo, aqueles homens vieram a mim, mas não sei de onde eram eles. ⁵Aconteceu que, ao escurecer, estando para se fechar os portões, saíram. Não sei onde foram aqueles homens. Depressa, persegui-os! Certamente, os alcançareis".
⁶Ela, porém, os fizera subir ao terraço, e os escondera entre as canas de linho a serem ordenadas sobre o terraço. ⁷Então, aqueles homens perseguiram após eles, sobre uma passagem a caminho do Jordão. E, assim que os perseguidores saíram atrás deles, fecharam o portão.

---

[12] Tradução pessoal feita a partir do TM^L, reproduzido na BHS, 1977, p. 355-357. A voz do narrador aparece separada na tradução das personagens, que estão devidamente deslocadas na margem direita e entre aspas.

⁸Antes que aqueles dormissem, ela subiu até eles, sobre o terraço, ⁹e disse àqueles homens:
"Eu bem sei que o SENHOR vos deu a terra. De certo o pavor de vós caiu sobre nós e todos os residentes da terra desfalecem perante vós. ¹⁰De fato, escutamos que o SENHOR secou as águas do mar dos Juncos perante vós, quando saístes do Egito, bem como o que fizestes aos dois reis amorreus que estavam do outro lado do Jordão, a Seon e a Og, os quais exterminastes. ¹¹Quando escutamos, nosso coração desfaleceu, e ninguém mais se anima a erguer-se por causa vossa. Certamente o SENHOR vosso Deus é Deus acima, nos céus, e embaixo, na terra. ¹²Agora, pois, jurai-me, vos peço, pelo SENHOR, assim como usei de lealdade convosco, também vós usareis de lealdade com a casa de meu pai, sendo que me dareis um sinal seguro, ¹³de que preservareis a vida de meu pai, de minha mãe, de meus irmãos e de minhas irmãs e de tudo o que eles têm, liberando-nos da morte".
¹⁴E aqueles homens responderam a ela:
"Nossa vida no lugar de vossa morte se não denunciardes esses nossos feitos. E quando o SENHOR nos der a terra usaremos lealdade e fidelidade contigo".
¹⁵Ela os fez descer com uma corda pela janela, porque a casa dela tinha o muro junto à muralha, e ela habitava próximo à muralha. ¹⁶Ela lhes disse:
"Ide rumo às montanhas, para que não vos encontrais com vossos perseguidores. Escondei-vos lá por três dias, até à volta de vossos perseguidores. Depois, seguireis pelo vosso caminho".

¹⁷Aqueles homens, porém, lhe disseram:

"Nós seremos inocentes deste juramento contigo, que nos fizeste jurar. ¹⁸Eis que, quando nós entrarmos na terra, atarás um fio de escarlata, desta corda, na janela que nos fizeste descer por ela. Quanto a teu pai, tua mãe, teus irmãos e tudo que pertence à casa de teu pai, reuni-los-ás contigo, em tua casa. ¹⁹E acontecerá que, qualquer um que sair para fora da porta da tua casa, o seu sangue será sobre a tua cabeça; quanto a nós, seremos inocentes; mas o sangue de qualquer que estiver contigo em casa será sobre a nossa cabeça, se alguém puser a mão sobre ele. ²⁰Também se revelardes estas nossas palavras, seremos inocentes do juramento contigo, o qual nos fizeste jurar".

²¹E disse:

"Seja conforme as vossas palavras!"

E os despediu e eles foram. E ela amarrou o fio escarlate na janela.

²²Foram, pois, e chegaram ao monte, ali ficaram por três dias, até o retorno dos perseguidores, porquanto os perseguidores os buscavam em todo o caminho, mas não os encontraram.

²³Os dois homens voltaram e desceram do monte, atravessaram e vieram a Josué, filho de Num, e lhe contaram tudo quanto lhes havia acontecido. ²⁴E disseram a Josué:

"De certo o SENHOR deu em nossas mãos toda a terra, pois também todos os seus residentes desfalecem perante nós".

3. ESTRUTURA E GÊNERO LITERÁRIO

A narrativa possui uma moldura perfeita, Js 2,1.22-24, pela qual são descritos: o envio e a partida dos dois espiões, bem como o retorno e a chegada dos mesmos no acampamento. Nesse quadro, o episódio se desenvolve em três diálogos: (1º) Entre Raab e os emissários do rei de Jericó (Js 2,3-5); (2º) Entre Raab e os espiões sobre o terraço de sua casa (Js 2,8-14); (3º) Entre os espiões e Raab à janela de sua casa (Js 2,16-21).

Js 2,1-24 possui todas as características do gênero literário chamado "relato de espionagem".[13] A composição desses relatos permite individuar uma espécie de estrutura comum que identifica o gênero literário, o qual se caracteriza pelo envio de espiões a um determinado local, um desenvolvimento característico e, pontualmente, conclui-se com o retorno dos espiões e a apresentação dos resultados da missão que realizaram. As narrativas que preveem uma guerra iminente, em geral, introduzem como estratégia militar o envio de espiões para verificar a possibilidade de investida ou o momento justo para executar o ataque.

---

[13] O esquema segue o gênero literário de história/relato de espionagem (MITCHELL, 1994, p. 37; SICRE, 2002, p. 108-109; COCCO, 2010, p. 37-38). Segundo DOZEMAN (2015, p. 224-225), os eventos centrais de Js 2 se separam em três partes que exploram a relação de Raab com a população nativa de Jericó (Js 2,2-6), com o Senhor (Js 2,7-11) e com os filhos de Israel (Js 2,12-21). Nesse sentido, Dozeman propõe o seguinte esquema: (1) Identificação de Raab (Js 2,1); (2) Raab e a população local: decepção do rei de Jericó; (3) Raab e o Senhor: confissão sobre o Senhor (Js 2,7-11); (4) Raab e os israelitas: aliança de resgate e suas condições; (5) Resultado da espionagem (Js 2,22-23).

Relatos de espionagem são comuns tanto nas narrativas bíblicas quanto na literatura moderna. Na literatura bíblica é possível identificar esse gênero literário em diversos textos (Js 7,2; Dt 1,22-25; 18,2-10; Jz 1,23-25; 2Sm 17,17-21), sendo que um caso exemplar se encontra em Nm 13,1-33, o qual permite estabelecer um paralelo com Js 2,1-24. Como Moisés enviara doze exploradores para verificar a possibilidade de a geração do êxodo ingressar na terra prometida, Josué enviou dois espiões para Jericó.

O episódio narrado em Js 2,1-24 se enquadra completamente na estrutura específica do gênero literário "relato de espionagem", conforme o esquema que segue:

a) Envio dos espiões da parte de Josué, do acampamento de Setim a Jericó (v. 1a);

b) Realização da missão por parte dos espiões em Jericó (vv. 1b-21);

c) Retorno dos espiões ao acampamento de Setim e apresentação dos resultados da missão (vv. 22-24).

Nesta estrutura, observa-se que o narrador foca na parte central do relato, a qual recebe um espaço muito maior em relação às partes introdutiva e conclusiva. Essa estrutura é, certamente, plausível, construída segundo uma lógica específica dos relatos de espionagem.

Sem deixar à parte tal aspecto específico do texto, propõe-se um esquema mais detalhado com base no enredo da narrativa,[14] cujas seções podem ser individuadas, observando-se

---

[14] Essa subdivisão de enredo é conhecida como "esquema germânico" (BERLIN, 1994, p. 101-110; SKA, 2000, p. 17-31; SONNET, 2010, p. 55-59; GANCHO, 2006, p. 11-16; MARGUERAT; BOUQUIN, 2009, p. 55-56).

as mudanças de lugar, de personagens e do foco narrativo. Assim, sugere-se o seguinte esquema:

- *Exposição:* envio dos espiões à cidade de Jericó (v. 1a);
- *Momento estimulante:* entrada dos espiões na casa da prostituta Raab (v. 1b);
- *Complicação:* espiões perseguidos pelo rei de Jericó e protegidos por Raab (vv. 2-7);
- *Clímax:* Raab sabe que o SENHOR deu a terra aos filhos de Israel (vv. 8-13);
- *Ponto de virada:* os espiões aceitam a aliança com Raab (v. 14);
- *Desfecho:* Raab salva os espiões dos emissários do rei de Jericó (vv. 15-21);
- *Conclusão:* retorno dos espiões ao acampamento e apresentação dos resultados (vv. 22-24).

A partir, então, desse esquema, apresenta-se a seguir o comentário exegético-teológico, considerando parte por parte do enredo.

4. COMENTÁRIO EXEGÉTICO-TEOLÓGICO

a) Exposição: envio dos espiões à cidade de Jericó (v. 1a)

Em geral, a exposição de uma narrativa contém dados essenciais referentes ao programa de todo o relato. O v. 1a introduz informações privilegiadas: o ouvinte-leitor fica sabendo, em primeira mão, que antes de se aventurar na campanha militar de apropriação da terra prometida, Josué envia dois espiões para observar e trazer informações sobre a cidade de Jericó.[15] É uma notícia exclusiva, pois Josué age secretamente. Então, somente o narrador e o ouvinte-leitor sabem que Josué lançou mão dessa estratégia militar antes de atacar Jericó.

Em relatos de conquista e operações militares, o envio de espiões é um recurso comum; basta recordar que, por ordem divina, Moisés envia doze exploradores a Canaã (Nm 13,1-2);[16] Josué também manda espiões à cidade de Ai (Js 7,2); a mesma estratégia foi usada para a conquista de Betel

---

[15] Na BH, a referência literária a Jericó está concentrada na história de sua destruição pelo Senhor, no livro de Josué, que contém metade das referências à cidade (vinte e seis ocorrências). Em Josué, a cidade de Jericó simboliza a vida urbana e as cidades-estado reais, com fortes muralhas e monarcas, os quais serão exterminados e amaldiçoados para sempre (Js 6). Fora do livro, Jericó é uma cidade menor que funciona como um centro terapêutico: Davi envia homens a Jericó para se recuperar da vergonha de ter suas barbas cortadas (2Sm 10,5), e os israelitas também enviam judeus cativos para lá, a fim de se recuperarem (2Cr 28,15). Jericó é identificada no período pós-exílico com uma cidade onde os retornados do exílio fixam residência (Ne 7,36; Esd 2,34). Em perspectiva escatológica, na história de Elias e Eliseu, é apresentada como o lugar onde Elias subiu ao céu e Eliseu adoçou a água (2Rs 2). Percebe-se que a cidade de Jericó é um local estratégico (DOZEMAN, 2015, p. 228).

[16] Embora Js 2 seja um possível paralelo a Nm 13–14, há muitas diferenças entre os dois relatos: (1) Moisés nomeia doze espiões, enquanto Josué indica apenas dois; (2) Os espiões de Moisés são indivíduos importantes e nomeados, os de Josué parecem ser desconhecidos; (3) Os espiões de Moisés representam suas respectivas tribos, enquanto os de Josué não representam ninguém; (4) A missão dos espiões de Moisés é pública e o relatório é entregue em público; a missão atribuída por Josué parece ser privada, e o relatório é entregue diretamente a ele. O plano de Josué parece mais cauteloso. O número de espiões é gerenciável; eles têm pouco poder e devem se reportar diretamente a Josué. A missão dos espiões de Josué termina bem, com os espiões voltando confiantes e certos da vitória (KRAUSE, 2015, p. 419-420; FARBER, 2016, p. 33-34).

(Jz 1,22-25); e durante a rebelião de Absalão, Davi contou com os serviços de informantes secretos (2Sm 17,17-21). Não é de surpreender, portanto, que, na iminência do assédio à cidade fortificada de Jericó, Josué faça uso desse recurso militar, muito embora, a três dias da travessia do rio Jordão (Js 1,11), o SENHOR lhe tenha ordenado e garantido: "Atravessa esse Jordão, tu e todo este povo, rumo ao país que [...] eu vos dei" (Js 1,2-3).

Vale lembrar que, quando Moisés enviou espiões à terra de Canaã (Nm 13,1-24; Dt 1,19-46), Oseias (Josué) era um dos doze espiões e foi enviado como representante da tribo de Efraim (Nm 13,8). Josué e Caleb não apenas mantiveram as boas notícias como também não temeram entrar e tomar posse da terra (Nm 14,6-9). Josué, portanto, já conhece a terra de Canaã e sabe como se mover nela, pois esteve quarenta dias espionando as condições de ingresso e vida em Canaã (Nm 13,25). Na verdade, Josué e Caleb são os únicos sobreviventes da geração que saiu do Egito e aos quais o SENHOR prometeu que entrariam na terra, enquanto toda aquela geração foi condenada a morrer sem ingressar na terra de Canaã, porque teve medo de enfrentar seus habitantes e porque não confiou nas ordens do SENHOR seu Deus (Nm 14,20-38).

Enquanto os espiões partem para executar sua missão, Josué e o povo permanecem do outro lado do rio Jordão, acampados em um lugar denominado "Setim",[17] local de

---

[17] A localização geográfica de Setim é incerta e seu uso literário limitado à BH, associado ao fim da jornada no deserto e à travessia do rio Jordão (Nm 25,1; 33,49; Js 2,1; 3,1). Nm 33,48-49 localiza a região no lado leste do rio Jordão, dentro da terra de Moab, como uma das paradas finais da jornada no deserto. Setim é o local onde os homens israelitas têm relações sexuais com mulheres moabitas e, assim, ficam sob o jugo do Baal de Peor

chegada dos filhos de Israel, após o longo itinerário percorrido no deserto (Nm 25,1; 33,49). Nesse clima de tensão e expectativa, os dois homens partem para essa missão secreta. Então, os primeiros da geração que nasceu no deserto foram os que atravessaram o rio Jordão e pisaram na terra prometida.

b) Momento estimulante: entrada dos espiões na casa da prostituta Raab (v. 1b)

O narrador faz um salto espaço-temporal e, na segunda metade do versículo, os dois espiões enviados por Josué já se encontram do lado ocidental do rio Jordão. Nada é dito em referência à viagem, à travessia do rio Jordão, ao tempo transcorrido entre o ponto de partida e o local de chegada, ao anseio de se encontrar do outro lado da margem, à emoção de entrar na terra. De fato, a economia de detalhes é uma característica das narrativas bíblicas, sendo que, quando algum detalhe é oferecido, tem a função de provocar e despertar a atenção do ouvinte-leitor para algo importante na narrativa.

Pela oferta de detalhes, o ouvinte-leitor compreende que a função do v. 1b é introduzir um personagem central,[18] pois,

---

(Nm 25,1). Setim e Gilgal demarcam os limites geográficos no tocante à travessia do rio Jordão (Mq 6,5). A localização também assume um significado escatológico em Joel 4,18, quando o vale de Setim flui com a água do santuário do SENHOR, indicando a fertilidade paradisíaca da terra prometida à leste do rio Jordão, no Dia do SENHOR (*yôm* YHWH). Mq 6,5 retoma essa passagem e recorda os benefícios do SENHOR Deus, realizados a favor dos filhos de Israel de Setim a Gálgala (DOZEMAN, 2015, p. 226-227; DALLA VECCHIA, 2010, p. 34).

[18] A prostituta Raab é o único personagem que tem nome nesta narrativa (SHERWOOD, 2006, p. 47-48).

embora os dois homens tenham um papel bastante definido, durante todo o relato atuam no anonimato, enquanto a figura feminina apresentada no v. 1b é qualificada nominalmente pelo que faz: "uma mulher prostituta, cujo nome era Raab".

Os dois espiões se alojam na casa da prostituta Raab, provavelmente por acreditar que a casa dela lhes ofereceria a segurança do anonimato, ou que fosse o melhor lugar para recolher as informações necessárias à missão.

O fato, porém, de buscarem abrigo na casa de uma prostituta gerou uma situação um tanto insólita e ao mesmo tempo jocosa, quanto à interpretação do substantivo feminino hebraico *zōnâ*, literalmente "prostituta".[19]

Sendo assim, para mascarar ou nobilizar a profissão de Raab, houve quem, tanto na tradição judaica quanto na tradição cristã, buscou qualificá-la como proprietária de um albergue ou um tipo de hospedaria, bem como a dona de um bordel ou um tipo de *hieródula*, isto é, de prostituta sagrada.[20]

---

[19] Em sentido literal, o verbo hebraico *zānâ*, que significa "cometer fornicação, praticar prostituição" (HALL, 2011, p. 1.095-1.098), no particípio *zōneh* (Os 4,15), diz respeito a relações heterossexuais ilícitas e, em geral, indica a prostituta. Tais pessoas recebiam pagamento pelo que faziam (Dt 23,19), tinham marcas características que as identificavam no local em que viviam (Gn 38,14; Pr 7,10; Jr 3,3), possuíam as próprias casas (Jr 5,7) e, segundo os sábios, deviam ser evitadas (Pr 24,27). Raab é designada pelo substantivo *zōnâ*, dando-lhe, ao mesmo tempo, importância e estigma sociorreligioso (WOOD, 1998, p. 398).

[20] Não obstante os esforços de interpretação do termo por questões morais, o substantivo *zōnâ* designa a mulher que se mantém na vida através dos serviços prestados a uma clientela masculina, vivendo à margem da sociedade. A localização da sua casa, junto às muralhas, sugere depreciação (SICRE, 2002, p. 110-111; COCCO, 2010, p. 39; DALLA VECCHIA, 2010, p. 35; DOZEMAN, 2015, p. 238-239; CHARLES, 2011, p. 207-208).

Embora a casa de uma prostituta pareça ser uma escolha auspiciosa para manter o anonimato dos homens e obter informações privilegiadas, o texto hebraico joga com a ambiguidade dos termos ao esclarecer o que os espiões foram fazer justamente na casa de uma prostituta, sugerindo alusões sexuais.[21] Os verbos hebraicos "entrar" (*bō'*: Gn 16,4; Jz 16,1; Ez 23,44) e "alojar", ou literalmente "se deitar" (*šākab*: Gn 19,32.25; 39,12.14; 2Sm 13,11), são frequentemente usados como eufemismo para descrever as relações sexuais.[22] O nome Raab significa "amplia/alarga" e alude a uma mulher de conduta moral pouco elevada.[23]

---

[21] Alguns textos bíblicos se referem às mulheres estrangeiras como pessoas perigosas, a serem evitadas (Dt 7,3; Jz 3,6; 1Rs 11,1-8; Pr 2,16; 5,3.20; 7,5; 22,14 ; 23,27). A prostituição é, muitas vezes, uma metáfora para a violação da aliança (Ex 34,14-16; Nm 25,1; Dt 31,16-18; Jz 2,17; Os 4,10-15; Is 1,21; Jr 3,1). Com base nestas referências, afirmar que os espiões passaram a noite ou se esconderam na casa de uma prostituta cananeia possui duplo sentido e, pela ambiguidade, aumenta a tensão narrativa (GORDON; BAER, 2011, p. 70).

[22] O verbo hebraico *bô'* ("entrar") ocorre seis vezes em Js 2,1-3 e funciona como um *leitmotiv* dos versículos introdutivos. Embora o texto não diga explicitamente, parece querer insinuar algo, visto que este verbo, em geral, é também usado para se referir à relação sexual em diversas narrativas, como a de Abraão e Agar (Gn 16,2), Jacó e Bala (Gn 30,3), Onã e Dina (Gn 38,8) e Judite (Jt 12,9), bem como na lei em Dt 22,13 (DALLA VECCHIA, 2010, p. 35; DOZEMAN, 2015, p. 229).

[23] Raab, como nome próprio feminino, é constatado apenas em Js 2 e 6, e por isso se acredita que não seja um nome de pessoa, mas uma abreviação do nome *rehabyāhû*, "o SENHOR ampliou, liberou". A abreviação se deveria ao fato de os círculos de transmissão do relato julgarem ofensivo que uma prostituta carregasse o componente do Tetragrama Sagrado em seu nome. Com base em evidências da linguística comparativa (árabe, ugarítico), outra hipótese sugere que Raab fosse um apelido que denotava a profissão de prostituta, referindo-se ao órgão feminino (SICRE, 2002, p. 110, nota 9).

É possível que os dois israelitas tenham aproveitado a ocasião para ter algum prazer no trabalho, usufruindo da prestação dos serviços de Raab, mas soa estranho que a primeira ação deles em Jericó, já na terra de Canaã, seja a de se arriscar em um comportamento proibido com uma mulher do povo que deverá ser aniquilado.[24] O fato é que, independentemente da forma como se esconderam, tal escolha não foi suficiente para garantir o disfarce e a cobertura concreta que os espiões buscavam ter. As coisas, então, começam a se complicar.

c) Complicação: espiões perseguidos pelo rei de Jericó e protegidos por Raab (vv. 2-7)

Ao que tudo indica, os espiões não passaram despercebidos pela cidade. Com a agilidade de uma atalaia, isto é, de um vigia experiente, o narrador introduz uma nova cena, mudando seu foco da casa de Raab, onde os espiões foram deixados deitados, ao palácio do rei de Jericó, o qual é imediatamente informado sobre a presença de estranhos na cidade: dois homens israelitas teriam entrado para espionar toda a terra. Segundo os indícios do v. 3, o rei foi informado também sobre o local no qual os espiões teriam se alojado e, sem demora, enviou emissários à casa de Raab, a fim de coagi-la a entregar seus hóspedes.

O plano narrativo se complica, e a estratégia de Josué corre o risco de falir completamente. O sucesso da missão

---

[24] A imagem dos israelitas abrigados na casa de uma prostituta não deixa de ser sugestiva. De fato, essa imagem retornará com grande força no profeta Oseias, cuja vida será consumida na tentativa de seduzir sua esposa, uma mulher prostituta, que se desvia de seu amor. Nesse caso, os papéis são invertidos: Israel assume o papel da prostituta, em busca de prazeres junto aos senhores cananeus, abandonando o SENHOR, representado pelo profeta.

agora se encontra nas mãos de Raab, que não desilude seus hóspedes, agindo rapidamente para escondê-los em seu terraço (Js 2,4a.6). Cria, então, uma estratégia a fim de despistar e desviar a busca dos emissários do rei, oferecendo informações inexatas (Js 2,4b-5).

Uma coisa parece certa: a casa de Raab é acessível, tem a porta sempre aberta, e da qual homens entram e saem. Além disso, ela mesma os recebe e os despede, quando, em geral, esse papel era atribuído aos homens da casa (Gn 18,1-5; 19,1-4; 29,13-14). Esse dado confirma que, embora sua casa seja frequentada por homens, ela é uma mulher autônoma e independente, pois não há um homem que lhe faça esse serviço de acolhida dos hóspedes e passantes. Prova disso se encontra no seu protagonismo, ao tratar, pessoalmente, os termos do acordo com os dois espiões, e na ação com os emissários do rei de Jericó.

É interessante observar como o foco narrativo se move. Sem informação alguma, passa-se do palácio do rei à casa de Raab (Js 2,2-3). Entre as palavras dos emissários do rei (Js 2,3b) e a resposta de Raab (Js 2,4b-5), a voz do narrador dá um salto para trás, para esconder os espiões (Js 2,4a). A informação sobre o portão que se fecha (Js 2,7b) é fundamental para a cena, que se refere à fuga dos espiões pela janela, ajudados pela própria Raab... Que força possuía! (Js 2,14).

A atitude de Raab surpreende o ouvinte-leitor, pois ela não trai os dois israelitas que buscam informação e acabam por encontrar refúgio e proteção em sua casa. Como é possível que ela tenha coragem de mentir para o rei, ocultando os espiões israelitas? Por duas vezes, ela repete "não sei" (Js 2,4.5), e em ambos os casos mente. À ordem do rei "faça sair os homens" (Js 2,3), Raab "os toma", "os esconde", "os faz subir ao seu terraço e os esconde", e por fim ainda induz os perseguidores a seguirem pelo caminho errado, calculando que o portão da cidade se fecharia e, assim, ela ganharia tempo para armar uma estratégia segura de fuga para seus dois hóspedes.[25]

Não surpreende o fato de uma prostituta mentir e dissimular, visto que essa é uma arte refinada de sua profissão.[26] Mas a narrativa bíblica provoca seu ouvinte-leitor a ir além dos lugares-comuns, de tal modo que a pergunta a ser feita não deve girar em torno do julgamento moral de seu comportamento em relação à mentira, mas sim da tentativa de compreender o motivo que a levou a mentir: qual teria sido o interesse de Raab em arriscar a própria pele para ocultar os espiões? Qual seria seu lucro nesse negócio arriscado?

d) Clímax: Raab sabe que o Senhor deu a terra aos filhos de Israel (vv. 8-13)

Do plano superior de sua casa, com acesso ao exterior dos muros da cidade – um lugar onde a privacidade do convívio era preservada e ao mesmo tempo constituía um ponto estratégico para controlar os movimentos daqueles que circulavam pela estrada, inacessível aos olhos dos perseguidores do rei de Jericó e ao controle dos que viviam na cidade –, Raab revela a razão de seu inesperado e, até aquele momento, incompreensível gesto de lealdade para com os espiões israelitas que buscaram refúgio junto a ela.

---

[25] Raab age seguindo o protocolo característico às leis de hospitalidade com estranhos, um costume antigo comum do AOP (GORDON; BAER, 2011, p. 71; PUERTO, 2020, p. 119-124).

[26] É uma percepção que revela não apenas o comportamento de Raab como também sua astúcia (SICRE, 2002, p. 111).

Com um eloquente discurso, com sabor de profecia e profissão de fé (vv. 9-11),[27] Raab aborda cinco temas fundamentais para a teologia do livro de Josué: (1) A certeza de que o SENHOR já deu a terra a Israel (Js 2,9b; Js 1,2); (2) Os motivos do êxodo (Js 2,10; Ex 14; 15,21-22; Dt 31,3-4); (3) O medo das nações (Js 2,9.11; Ex 15,14-16; 23,27); (4) A derrota dos amorreus (Js 2,10; Nm 21,23-35; Dt 2,26–3,11); (5) O tema do *herem*, unido à confissão central de que o SENHOR é Deus em cima, no céu, e embaixo, na terra (Js 2,11; Dt 4,39).[28] Desse modo, Raab demonstra ter compreendido a natureza da missão dos espiões e se dispõe a colaborar, pois a vitória dos filhos de Israel é certa.[29]

A força de sua consciência e lucidez, referentes aos fatos, se deixa quase tocar pelo verbo hebraico *yāda'*, literalmente, "saber, conhecer", usado para introduzir seu discurso: "Eu bem sei" (em hebraico *yāda'ti*).[30] Nesse contexto, comunica

---

[27] Segundo Mitchell (1994, p. 36-37), há certo consenso de que a confissão de Raab revela características específicas da teologia da OHD, enquanto para a história em si há uma origem antiga e independente.

[28] A confissão de Raab de que o SENHOR é "Deus em cima, no céu, e embaixo, na terra" é uma citação em forma de confissão que aparece no discurso de Moisés aos filhos de Israel, em Dt 4,39; também ecoa em 1Rs 8,23 e no Sl 83,19 (DOZEMAN, 2015, p. 243. 269; BIDDLE; JACKSON, 2017, p. 231-232).

[29] Uma comparação entre o discurso de Raab e o Pentateuco permite dizer que ela, a exemplo de Js 1,5-8, "medita o livro da lei dia e noite" (MERLING, 2003, p. 36-41).

[30] O verbo *yāda'* é usado para designar o conhecimento que o SENHOR Deus tem do humano (Gn 18,19; Dt 34,10) e de seus caminhos (Is 48,8; Sl 1,6; 37,18); conhecimento esse que principia antes mesmo do nascimento (Jr 1,5). É, porém, usado também como eufemismo para se referir ao conhecimento íntimo entre duas pessoas, como se dá, por exemplo, em uma relação sexual (Gn 4,1), bem como para expressar as relações de familiaridade com uma pessoa (Gn 29,5; Ex 1,8) ou com os fatos da história, como é o caso da fala de Raab (LEWIS, 1998, p. 597-598).

o profundo sentido de uma convicção categórica, que não deixa espaço a nenhuma dúvida.

Raab revela estar consciente da promessa da terra e a par de todos os feitos do Senhor em favor de seu povo, desde a saída do Egito até as primeiras batalhas, conquistas e fixação do povo na Transjordânia, evidenciando em *flashback* os eventos narrados no livro do Êxodo, isto é, a fuga do Egito e a passagem pelo mar dos Juncos (Ex 14–15), e no livro de Números: a vitória sobre os reis amorreus Seon e Og (Nm 21,21-35; 32,33; 1Rs 4,19; Sl 136,19-20).[31]

O discurso de Raab revela o clima de pavor e medo provocado pela incerteza do futuro, porque, de fato, o Senhor já deu a terra de Canaã a Israel. Não há um Deus superior ao Senhor,[32] seu domínio se estende por toda a face da terra.[33] Ao olhar para o passado, Raab, no presente, antecipa

---

[31] Amorreus designa o grupo semítico que se infiltrou na região central do Eufrates no final do terceiro milênio aC. A relação da migração dos amorreus em grande escala no AOP e a sua alusão na BH permanecem obscuras. No livro de Josué, os amorreus são identificados com os reinos de Og e Seon, no lado oriental do rio Jordão (Js 2,10; 9,10; 12,2; 24,8.12), com os reis do lado oeste do rio Jordão (Js 5,1; 10,5; 5,12), com os moradores de Ai (Js 7,7) e com todos os habitantes da terra (Js 24,18), que veneram outros deuses (Js 24,15). Os amorreus também se distinguem de outros povos da terra à oeste do rio Jordão, na lista estereotipada de nações (Js 3,10; 9,1; 11,3; 12,8; 24,11), onde estão associados às terras altas, juntamente com os hititas e os ferezeus (Js 11,3). Sobre os amorreus e Canaã, veja-se DOZEMAN, 2015, p. 230.

[32] A própria "estranheza" da narrativa se deve ao fato de Raab, uma cananeia, citar algo que se encontra no livro do Deuteronômio com mais facilidade do que os filhos de Israel. Tal feito levanta questões sobre as grandes ideias teológicas de escolha e exclusividade (MCKINLAY, 1999, p. 50).

[33] Raab usa um jogo de palavras para expressar a totalidade céus e terra (ONISZCZUK, 2013, p. 484).

o futuro: como o SENHOR secou o mar dos Juncos para que o povo se livrasse do exército egípcio, também secará as águas do rio Jordão para que o povo que está acampado nas estepes de Moab possa entrar em Canaã (Js 3–5); e a vitória sobre os dois reis amorreus se repetirá na luta contra os reis de Jericó e de Ai (Js 2,2; 8,1). Raab conseguiu tirar uma lição da história, e sua fé nos feitos do SENHOR parece superar o passado dos filhos de Israel (Nm 14) e antecipa o futuro (Js 7).[34]

Raab está certa de que o SENHOR assumirá a frente na marcha da conquista da terra de Canaã (Ex 15,16; 23,27) e de que os habitantes de Jericó serão exterminados. Por isso, revela o interesse que lhe moveu a agir com benevolência para com os espiões em detrimento de sua fidelidade ao rei de Jericó. Raab pede aos que preservou da morte o favor de ser tratada da mesma forma, tanto ela quanto sua família. O pedido de Raab levou em conta a lei do extermínio, que impunha destruir tudo o que pertencesse ao inimigo e passá-lo a fio de espada, inclusive as mulheres e as crianças (Ex 23,32-33; Dt 7,1-5).

Mais que uma boa intenção, Raab pede aos dois espiões para lhe jurarem (v. 12), em nome do SENHOR, que Israel preservaria sua vida e de toda sua família quando adentrasse para destruir Jericó (v. 13). A natureza do pedido de Raab é extremamente comprometedora; parece incompatível com a lei do extermínio (*ḥerem*), mas, no entanto, ela pede para ser salva, recorrendo ao motivo teológico do *ḥesed* do SENHOR,

---

[34] Quem são os heróis e quem são os salvadores na história de Raab? Há espiões que não espiam e mensageiros sem mensagem, mas os israelitas acabam ouvindo sua própria teologia anunciada pela boca de uma prostituta estrangeira. Js 2 é uma história em que todas as linhas são borradas (BIDDLE; JACKSON, 2017, p. 226).

que é graça, misericórdia, lealdade, bondade, compaixão, benevolência (Ex 34,6), exatamente o que ela manifestou no trato com os espiões (vv. 4.5.12). É a *lex talionis* vista pelo seu lado positivo.

A ironia da narrativa não passa despercebida. A primeira pessoa a introduzir o Senhor na narrativa é uma mulher cananeia, e não um israelita. Ela também segue à risca o protocolo da hospitalidade,[35] com lealdade própria do anfitrião; a diferença é que ela não sacrifica nenhum membro de sua casa, como sucede em outros casos (Gn 19 e Jz 19). Ninguém esperava que a prostituta Raab se apresentasse como uma mulher sábia e de fé profética, capaz de antecipar o destino do povo, assegurando o favor do Senhor, e propor uma aliança com os filhos de Israel, representados pelos dois espiões, com base no *ḥesed*.[36]

e) Ponto de virada: os espiões aceitam a aliança com Raab (v. 14)

A imediata resposta dos espiões: "Nossa vida no lugar de vossa", que parece violar o impedimento de fazer aliança

---

[35] Acolher o peregrino com particular cordialidade era um comportamento agradável à divindade, que, com frequência, se disfarçava de hóspede para provar a hospitalidade dos seres humanos. Caso o anfitrião fosse cordial na acolhida, era-lhe concedida uma bênção, mas, se fosse hostil na acolhida, recebia uma maldição (Gn 18,1-15; 19,1-29; Lc 7,36-50). Tanto na Sagrada Escritura como em relatos do AOP, o hóspede era sagrado e a acolhida previa um protocolo: ter a iniciativa de ir ao encontro, oferecer hospitalidade em casa para repousar, oferecer água para saciar a sede e para relaxar os pés, oferecer comida e bebidas para restaurar as forças e energias empregadas na viagem e deixar o hóspede livre para seguir seu caminho (DIAS, 2019, p. 209-211).

[36] Nota-se a intenção de criar um vínculo teológico entre o *ḥerem* e o *ḥesed* no diálogo entre Raab e os espiões (SEMBRANO, 2018, p. 70).

com povos cananeus (Ex 23,32-33; Dt 7,1-5), constitui, ao contrário, o ponto de virada da narrativa. É verdade que os espiões impuseram o silêncio como condição a Raab, mas, enquanto se encontram em sua casa, os espiões estão literalmente nas mãos de Raab e não lhes resta outra opção a não ser aceitar a aliança proposta.

Nesse ponto, a narrativa coloca o ouvinte-leitor diante de uma séria questão teológica: a opção entre a lei e a lealdade. A lei é muito clara ao proibir que os filhos de Israel façam aliança com o povo da terra, sendo que o imperativo deuteronômico, em caso de guerra, é de exterminar todos os habitantes do país: "Das cidades desses povos, porém, que o SENHOR te dá por herança, não deixarás viver nenhum ser que respira, porque consagrarás e votarás ao extermínio os hititas, os amorreus, os cananeus, os ferezeus, os heveus e os jebuzeus, como te ordenou o SENHOR teu Deus" (Dt 20,16-18).[37]

O que Raab pede aos espiões é humanamente compreensível: pagar o bem com o bem (Tb 4,15; Lc 6,31). Contudo, ela pede que o faça por meio de um juramento em nome do SENHOR, que vetou, veementemente, a possibilidade de ter compaixão do povo residente na terra.[38]

---

[37] O livro de Josué não declara explicitamente que a proibição de alianças e a ordem de destruir os ocupantes da terra sejam dois lados da mesma moeda, como em Dt 7,1-6. No entanto, a característica essencial da aliança com Raab (Js 2; 6) e posteriormente com os gabaonitas (Js 9) é que suas vidas devem ser poupadas. As passagens que tratam da conquista (Ex 23,20-33; 34,10-28) e da ordem que contraria as alianças com os ocupantes da terra fazem parte de um complexo de ideias relativas à conquista e à vida em Canaã. Por isso, Israel precisa estar atento ao que representa uma ameaça à vida na terra (MITCHELL, 1994, p. 39).

[38] Existe uma possível contraposição entre a postura dos espiões e o pedido de Raab (SICRE, 2002, p. 111).

Os filhos de Israel serão leais à aliança dos espiões, feita com a cananeia e prostituta Raab, ou à lei, da qual Josué não pode se desviar nem à direita nem à esquerda, e sobre a qual devem meditar dia e noite (Js 1,7-8)? A lei e lealdade podem convergir? Os espiões, no entanto, prometem lealdade e fidelidade a Raab: "Nossa vida no lugar de vossa [...] quando o Senhor nos der a terra usaremos lealdade e fidelidade contigo" (v. 14).[39] Como Josué reagirá a tal aliança? O Senhor perdoará essa transgressão? A resposta para estas questões ocorrerá somente em Js 6.

f) Desfecho: Raab salva os espiões de Jericó (vv. 15-21)

Raab finalmente executa seu plano para libertar ocultamente os espiões israelitas, bem como para salvar a si mesma e a seus familiares. Na verdade, a narrativa coloca o ouvinte-leitor diante de uma história de recíproca salvação: Raab e os espiões são colaboradores no plano do Senhor Deus para que se realize uma mútua salvação.[40] Houve uma lição. De um lado, a prostituta cananeia protegeu e libertou os espiões; por outro, os espiões se comprometeram a libertá-la e salvá-la, e também a seus familiares, do

---

[39] Com o exemplo de Raab, a narrativa parece ensinar que a misericórdia não é incompatível com a lei, quando há disposição de conhecê-la e obedecê-la; nesse caso, é exatamente o exercício da meditação da lei o motor que ajuda a discernir entre a obrigação da norma geral e a aplicação de juízo em casos particulares; do contrário, como no caso de Acã (Js 7), quem conhece a lei sabe as consequências da transgressão e, ao desobedecê-la, está disposto a pagar com a vida as consequências de seus atos contrários à lei. A identidade étnica não está acima da lei, pois, o israelita que transgredir a lei, pela lei será julgado (STEK, 2002, p. 28-48; GORDON; BAER, 2011, p. 74-75).

[40] O livro de Josué narra o que o Senhor fez para que os filhos de Israel pudessem tomar posse da terra. Os fatos, incluindo a história de Raab, são a confirmação desses feitos do Senhor (MERLING, 2003, p. 31).

iminente ataque à cidade de Jericó.⁴¹ Há, então, um duplo plano sendo executado.

Enquanto expressa seu consentimento ao plano dos israelitas, Raab faz os dois espiões descerem, com uma corda, por sua janela, diretamente para fora do muro da cidade (v. 15), pois sua habitação se encontrava anexa à muralha da cidade.⁴² Ato insólito para uma mulher realizar sozinha. Ao despedi-los, porém, Raab lhes recomenda seguir rumo às montanhas, no sentido contrário ao tomado pelos perseguidores, e permanecer ali por três dias, para garantir que aqueles tivessem voltado à cidade Jericó. Só assim poderiam seguir com segurança e voltar para o local do acampamento, que se encontra do outro lado do rio Jordão.

A apresentação de uma pessoa dialogando pela janela com outras pessoas parece ser uma cena típica (1Sm 19,12; 2Sm 20,16-21; 2Rs 9,30-31; At 9,25). Raab aparece como o sujeito ativo da cena, mas os espiões, agora livres, colocam condições que ela imediatamente assume. As duas partes contraem um compromisso e o desenrolar da narrativa, como ocorrerá em Js 6, revelará suas capacidades de se manter fiéis ao compromisso estabelecido.

---

[41] Não há mais distinção entre quem é o salvador e quem foi salvo (BIDDLE-JACKSON, 2017, p. 232-233).

[42] A localização de sua casa é em si interessante. Se a porta de uma cidade era o local onde aconteciam as reuniões de negócios e sociais (Rt 4,1-12), as muralhas da cidade, afastadas do centro comercial, podem ser vistas como distanciadas da vida de uma cidade. Na Mesopotâmia, as prostitutas foram "deslocadas para as margens do espaço social", em tabernas públicas, que também funcionavam como pousadas. A estrada de acesso à cidade era paralela à sua muralha; assim, por essa proximidade, tinha-se um local ideal tanto para se hospedar como para ocultar quem chegava à cidade (MERLING, 2003, p. 35).

O desfecho dessa cena é caracterizado por dois elementos semelhantes, a corda e o fio escarlate. A mulher se serve de uma corda para que os espiões, sem serem vistos, possam fugir pelo muro da cidade; de sua parte os espiões apresentam uma condição à mulher, a fim de que possam manter a palavra referente à preservação da vida de Raab e de sua família. Ela deve atar um fio escarlate, da corda usada para o resgate, na janela pela qual os espiões fugiram.[43] Raab aceita as condições e imediatamente expressa sua adesão: "'Seja conforme as vossas palavras!' E os despediu e eles foram. E ela amarrou o fio escarlate na janela" (Js 2,21).

g) *Conclusão: retorno dos espiões ao acampamento e apresentação dos resultados (vv. 22-24)*

Chega-se à última cena da narrativa, a qual prevê o retorno ao ponto de partida, onde Josué se encontra acampado com todo o povo. Seguindo, portanto, os passos dos espiões, o ouvinte-leitor deixa Jericó e alcança a região montanhosa, na qual permanecem por três dias, conforme a sugestão de Raab.

Ao chegarem ao acampamento, os espiões apresentam a Josué o resultado de sua expedição realizada em Jericó.

---

[43] Uma característica importante que aproxima a cena da passagem do SENHOR pelo Egito, exterminando os primogênitos e salvando Israel, e o assédio de Jericó, salvando Raab, é um sinal externo necessário em cada ocasião para separar as casas daqueles que estão sendo protegidos. No caso do êxodo, a marca distintiva é o sangue de um cordeiro, enquanto no caso de Raab é um cordão escarlate. O primeiro foi aplicado ao batente da porta (Ex 12,7.12-13), o último, preso à janela (Js 2,18.21). Em ambos os contextos, a palavra hebraica para "sinal" é usada (Ex 12,13; Js 2,21). No livro do Êxodo, o sinal indica especificamente o sangue e no livro de Josué, o fio escarlate (LUNN, 2014, p. 14-15).

O narrador não entra em detalhes, mas resume tudo da seguinte forma: "vieram a Josué [...] e lhe contaram tudo quanto lhes havia acontecido" (Js 2,23).

A missão à qual foram enviados alcançou seu objetivo graças não tanto à habilidade dos espiões, pois estes tinham sido descobertos, mas principalmente à habilidade e à sensibilidade de Raab, a mulher cananeia que lhes hospedou. O que de fato interessava a Josué saber, os espiões lhe disseram, fazendo suas as palavras de Raab: "De certo o Senhor deu em nossas mãos toda a terra, pois também todos os seus residentes desfalecem perante nós" (v. 24).

Desse ponto em diante, o ouvinte-leitor entra no estágio de suspense. Deve aguardar as novas ações de Josué em direção à concretização da conquista, com base na ação e no relato dos espiões. Js 6 será a lógica continuação do que foi narrado em Js 2.

CONSIDERAÇÕES FINAIS

A narrativa de Js 2,1-24 ilustra bem o provérbio popular: "Deus escreve certo por linhas tortas". De igual modo, revela também a ação providente do Senhor Deus na história humana e a sua capacidade de transformar um comportamento meramente humano, movido por interesse, em ação salvífica.

O narrador apresenta Raab como personagem central do relato: uma mulher autônoma, com o próprio negócio e independente economicamente. Por sua profissão, porém, vive às margens da sociedade, nem totalmente dentro nem totalmente fora; enquanto sua porta dá acesso à vida que circula na cidade, sua janela é um ponto de fuga para fora da cidade.

Raab é apresentada como uma mulher ágil, que sabe jogar com as palavras e os fatos para não mentir abertamente, permitindo ao ouvinte-leitor julgar seus atos e intenções. Ao mesmo tempo, é atenta e sensível aos sinais do seu momento presente, capaz de fazer não apenas uma leitura realística como também teológica dos fatos e das ações do SENHOR Deus na história, levando o ouvinte-leitor a discernir a justa fronteira entre a lei que exige lealdade e a lealdade que não dispensa a lei.

Raab é um personagem desconcertante, pois, em meio a suas astúcias e manobras, emite um discurso teologicamente fundamentado, pelo qual antecipa a intervenção do SENHOR na terra de Canaã, revelando sua fidelidade às promessas aos patriarcas e ao povo que libertou e aos que fez sobreviver no tempo do deserto. O discurso dela assegura ao ouvinte-leitor a expectativa da vitória, pois o SENHOR que promete também cumpre.

A narrativa de Js 2,1-24, a seu modo, é um ensinamento que surpreende a humanidade aos olhos de Deus, capaz de ir além da identidade étnica e sociocultural, porque o que conta é a obediência incondicional à sua vontade. Se, por um lado, uma mulher cananeia e sua família podem ser salvos e fazer parte do povo da aliança por sua fé, por outro, um filho de Israel pode ser excluído por desobediência à lei (Js 7). De algum modo, Raab antecipa e endossa as ações que Rute, a moabita, tomará no confronto com sua sogra Noemi.

De perfeita estrangeira a perfeita israelita, Raab e outras mulheres estrangeiras se tornam modelo de fé e comportamento no NT. Na genealogia do evangelho segundo Mateus, Raab é citada juntamente com Tamar, Rute e Bersabeia. Essas mulheres caracterizam as quatro viradas de época em que se divide o tempo de espera pelo Messias: Tamar no tempo dos Patriarcas, Raab no momento da entrada na terra, Rute na época dos Juízes e Bersabeia no início do período real. São mulheres "estrangeiras" que se tornam parte das filhas de Israel e vivem, mais que outras, sua vocação a favor da vida. Além disso, a irregularidade de sua situação indica também a extrema liberdade do SENHOR Deus, cujos pensamentos e caminhos são muito diferentes dos engendrados pelos seres humanos (Is 55,9).

Jesus nasceu em uma linhagem que repetidamente "transgrediu" os limites da lei referente ao matrimônio com mulheres estrangeiras. A inclusão de Raab na genealogia de Mateus é o prenúncio de uma das maiores preocupações desse evangelho: a inclusão de "estrangeiros" no seio da comunidade de fé (Mt 8,10-11; 12,15-21; 15,21-28; 21,43; 24,14; 28,16-20) e a acolhida de "cobradores de impostos e prostitutas" no Reino de Deus (Mt 21,31; 9,10). A presença de Raab em Mt 1,5 estabelece um paralelo com a narrativa do juízo final em Mt 25,31-46. Ela soube acolher o estrangeiro (Mt 25,35.43) e, por isso, é abençoada por Deus e pode "herdar o reino" (Mt 25,34).

Na carta aos Hebreus, Raab é apresentada como uma mulher de fé: "Pela fé Raab, a prostituta, não pereceu com os incrédulos, tendo recebido com lealdade os espiões" (Hb 11,31). Raab é recordada junto aos patriarcas e aos grandes personagens do AT, que merecem ser evocados pela grandeza da fé que orientou suas vidas. Raab, apesar de estrangeira e prostituta, foi transformada pela fé, pois soube crer e ver, para além da realidade dos fatos, a travessia do mar dos Juncos e a vitória sobre os poderosos reis vizinhos, Seon, rei dos amorreus, e Og, rei de Basã, visando apenas se abrigar sob as asas do verdadeiro Deus.

Ainda, Tg 2,25 afirma que Raab foi justificada pelas obras, quando hospedou os mensageiros e os enviou por outro caminho. Tiago propõe Raab, junto com Abraão, como exemplos de vida baseados na fé. Abraão, o pai da fé, experimentou tremor e temor quando lhe foi pedido que sacrificasse o filho (Gn 22,1-19); Raab fez semelhante experiência, colocando sua vida e tudo o que possuía a serviço dos enviados de Josué. Ambos podem ser definidos "protagonistas da fé" que se torna ação, pois agem de acordo com o que o SENHOR Deus lhes sugere, arriscando-se por completo. Tanto Mateus como os autores de Hebreus e Tiago compartilham a convicção de que, quem faz a vontade de Deus, recebe as bênçãos do seu reinado (Mt 7,21-24; 12,49-50).

Raab não é uma mulher comum: abre a porta de sua casa para dois estranhos, como sempre fez, porém, quando descobre que são espiões israelitas, lembra-se do que ouviu sobre o povo de Israel e as ações de seu Deus e os esconde do perigo mortal. Habituada a distinguir pessoas e situações, sente que chegou a hora de discernir e escolher. Por isso, preferiu ficar do lado de quem representava o SENHOR. Mulher empreendedora e prática, com decisões rápidas e hábeis, diante da ameaça, Raab converteu uma situação de risco em uma oportunidade de salvação para si e para seus familiares.

JOSUÉ 6

A CONQUISTA DE JERICÓ PELOS FILHOS DE ISRAEL

Leonardo Agostini Fernandes

INTRODUÇÃO

Js 6 é, sem dúvida, uma das páginas mais complexas da Sagrada Escritura. O ouvinte-leitor fica fortemente impactado sob diversos pontos. É preciso, porém, não se fixar em um ou outro aspecto textual, mas buscar a visão integral da narrativa e integrar Js 6 com Js 2.

Assim sendo, a exegese e a hermenêutica de Js 6, propostas ao longo deste estudo, seguem, de modo particular, a abordagem sincrônica,[1] subdividida em quatro partes:

---

[1] Em Js 6,1-20 é possível admitir que houve, em épocas distintas, uma versão de guerra que mais tarde foi relida e redigida em chave litúrgica. A primeira, além de entreter, serviu para ensinar táticas de guerra. A segunda transformou as estratégias bélicas em ato cultual. Juntas, em um único texto, podia, sob o signo da intervenção divina, falar a todo o povo e aos seus distintos grupos (SICRE, 2002, p. 180-181). O texto hebraico, preservado no TM[L], comparado com a LXX, revela vários tipos de divergências, dado que aponta para uma história do texto complexa, tanto em nível de composição como de redação (DALLA VECCHIA, 2010, p. 56). Para uma exaustiva comparação, veja-se DOZEMAN, 2015, p. 305-316.

(1) Contexto literário, a fim de situar a narrativa no tocante a sua delimitação; (2) Tradução do texto a partir do hebraico, ação que permite colher com mais profundidade os detalhes da narrativa; (3) Estrutura e gênero literário, verificando a organização interna do texto e seus aspectos formais; (4) Comentário exegético-teológico, a partir das sete seções identificadas e propostas na estruturação. Esse percurso é encerrado com algumas considerações finais.

A abordagem sincrônica de Js 2 e 6 possibilita aprofundar a inter-relação de duas cenas bem intrigantes do livro de Josué, no que diz respeito a sua perspectiva teológica e literária, bem como permite retirar uma névoa negativa que paira sobre a forma como a cidade de Jericó foi conquistada pelos filhos de Israel, sob a liderança de Josué. Se houver, ao menos, a percepção de que se está diante de um ideal de obediência à Torá, capaz de incitar o íntimo do ser humano que devota atenção à Sagrada Escritura, pode-se dizer que uma contribuição, apesar da limitação de seus autores, foi alcançada.

1. CONTEXTO LITERÁRIO

Js 5,13-15 narra uma teofania que precede, imediatamente, a narrativa da conquista da cidade de Jericó. Josué, novo líder do povo e sucessor de Moisés (Dt 34,9; Js 1,1-9), diante de si, tem "um homem de pé com uma espada desembainhada em sua mão". Há um diálogo entre os dois. Josué pergunta: "És tu dos nossos ou inimigo dos nossos?" (v. 13). Esse homem lhe responde: "Não, pois eu sou chefe do exército do SENHOR, apenas chegado" (v. 14).

A locução "chefe do exército do SENHOR" só ocorre nesse episódio. Somada à postura de Josué, que se prostra, e à fala obediencial que assume diante da ordem desse personagem ("Tira a sandália de teus pés, pois o lugar que tu estás sobre ele é santo"), evoca-se a teofania do Sinai/Horeb, quando Moisés, chamado nominalmente pelo S<small>ENHOR</small>, recebeu a vocação e a missão de regressar ao Egito e libertar os filhos de Israel da opressão (Ex 3,1–4,18).[2]

Nota-se, fazendo uma breve comparação,[3] que no lugar do "anjo do S<small>ENHOR</small>" encontra-se o "chefe do exército do S<small>ENHOR</small>". No lugar da sarça ardente, encontra-se a "espada desembainhada". No lugar do Sinai/Horeb, está Jericó, local onde Josué fez essa experiência. A obediência de Josué é imediata: "Assim fez Josué". Contudo, a narrativa não prossegue com alguma instrução sobre a conquista de Jericó. A teofania termina de forma abrupta.

Quanto ao texto subsequente, Js 7,1 narra uma violação da ordem do S<small>ENHOR</small> sobre os espólios que estariam sob o anátema (Js 6,17-21). Por esse motivo, não se deu a conquista de Hai, como uma desaprovação por parte do S<small>ENHOR</small>, visto que a ordem de Josué foi violada, mas o culpado foi descoberto e punido, pois prejudicou todos os filhos de Israel (Js 7,1-26).

---

[2] "Se, por um lado, Moisés deve tirar as sandálias dos pés, por causa da sacralidade do local, por outro lado, ele esconde a face, por causa da teofania. Culto e presença divina não se separam nem se excluem, mas se completam, no momento em que o objetivo do narrador foi o de ressaltar o que se passa na vida de quem entra na esfera do sagrado e se torna eleito para uma missão específica" (FERNANDES, 2019, p. 57-72).

[3] Entre Moisés e Josué foram estabelecidos paralelos literários e teológicos para evidenciar o êxito da sucessão. Algo parecido está em Gn 32,23-33, uma etiologia que precede o encontro-confronto de Jacó e seu irmão Esaú.

Por meio dessa dinâmica, o ouvinte-leitor começa a perceber que, se por um lado Josué se demonstra obediente ao Senhor em tudo, como lhe fora ordenado (Js 1,8-9), por outro, há no meio do "novo Israel", que nasceu no deserto, adentra e começa a conquistar Canaã, pessoas desobedientes à ordem divina e ao comando de Josué. Esse contraste serve, por certo, para evidenciar ainda mais o caráter de Josué e a sua incondicional disposição em cumprir fielmente a ordem-exortação que o Senhor lhe dirigiu logo no início da sua missão como sucessor de Moisés: "Sê forte e valente" (Js 1,6-7.9).

Ao serem considerados os dois elementos do contexto, anterior e posterior imediatos, acima mencionados, e aplicando-os estritamente à figura de Josué, o ouvinte-leitor tem uma clara impressão de que está sendo provocado a se lembrar de um fato e a interligá-lo com um infeliz acontecimento. Talvez, por isso, a teofania termine de forma tão abrupta.

O primeiro elemento tem a ver com a vitória bélica dos filhos de Israel, sobre os amalecitas, durante a liderança de Josué (Ex 17,8-16). Esse foi, igualmente, o primeiro desafio bélico que os libertos do Egito tiveram de enfrentar logo na primeira etapa da marcha pelo deserto (Ex 15,22–18,27).[4] Dois dados são singulares nesse episódio e precisam ser evocados: (a) A escolha de Josué como líder do exército por Moisés, que se posicionou sobre um monte para interceder e foi coadjuvado pela presença e ação de Aarão e Hur; (b) A ordem do Senhor a Moisés para que registrasse esse episódio em um livro, como memorial, e que fosse declarada a Josué a extinção de Amalec. Essa é a primeira referência

---

[4] Para um aprofundamento sobre Ex 15,22–18,27, veja-se: FERNANDES; GRENZER, 2011.

explícita a Moisés agindo como um "escriba", efetuando um registro presente no Pentateuco.[5]

O segundo elemento deriva do primeiro e tem a ver com o fracasso na batalha contra Hai, devido à desobediência dos que se atreveram a reter consigo algo do espólio proibido pelo SENHOR na conquista de Jericó. Se na batalha contra os amalecitas a figura de Moisés como intercessor foi fundamental, bem como a iniciativa de Aarão e Hur, que o colocaram sentado sobre uma pedra e apoiaram seus braços para que Josué vencesse Amalec (essa imagem evoca a postura de quem se senta em uma cátedra), de igual modo, deve-se perceber que a vitória sobre Jericó foi devida não à perícia bélica de Josué, mas às ordens dadas pelo SENHOR. Contudo, a derrota contra Hai deveu-se não à desobediência do líder, mas de Acã, que não cumpriu a ordem e se apossou do que estava votado ao anátema; razão pela qual o narrador afirma que: "A ira do SENHOR acendeu-se contra os filhos de Israel" (Js 7,1).[6]

---

[5] No Pentateuco, são atribuídos a Moisés, expressamente, os registros de certos episódios: a vitória sobre os filhos de Amalec (Ex 17,14), o "Código" da Aliança (Ex 24,4), o Decálogo cultual (Ex 34,27), um registro das etapas da peregrinação (Nm 33,2) e o discurso histórico-legislativo do Deuteronômio (Dt 31,9.22.24-26).

[6] As ações e suas consequências apontam para uma responsabilidade coletiva. O que um membro faz, de certo ou de errado, repercute em toda a família ou comunidade (Ex 34,7). Tal situação aparece criticada sob forma de um provérbio: "Os pais comeram uvas verdes, mas os dentes dos filhos ficaram embotados" (Jr 31,29; Ez 18,2). Há uma passagem da retribuição coletiva e tribal (Nm 16,16-32; Js 7,16-26; 1Sm 22,16-23; 2Sm 3,22-39; 21,1-14), embasada sobre o conceito de justiça divina (Ex 20,5; Dt 5,9), para a retribuição pessoal. No fundo, o provérbio é um questionamento do povo sobre o modo de conceber a ação do SENHOR (WEISER, 1987, p. 513-514; WALTHER, 2001, p. 285-290). A vocação e a missão de Ezequiel, como atalaia, introduziu um dado novo: ímpio e justo, que abandona o certo para

Em comum aos dois episódios estão a figura de Josué, como líder bélico, e a ordem do S‍enhor. Se houve vitória sobre os amalecitas como houve sobre Jericó, ambas foram causadas pelo S‍enhor. Se, na primeira, a intercessão de Moisés foi fundamental, na segunda o cumprimento obediencial da ordem do S‍enhor era indiscutível. Nesse sentido, o furto de Acã revela que sérias consequências podem advir na obra da conquista de Canaã, caso as ações dos filhos de Israel também não estejam de acordo com a Torá dada por meio de Moisés.

Portanto, no lugar das mãos estendidas de Moisés está a obediência à Torá, que indica a justa distinção entre o que se deve fazer e o que se deve evitar. É a distinção entre a "direita" e a "esquerda", modo de significar a distinção entre o que é o bem e o que é mal aos olhos do S‍enhor (Jn 4,11).[7]

A figura do "chefe do exército do S‍enhor" (Js 5,14), além de atestar a proximidade do S‍enhor ao sucessor de Moisés, permite que Josué, que tinha sido feito "chefe do exército dos filhos de Israel" contra os amalecitas (Ex 17,9), reviva, na mente e no coração, a memória que havia sido escrita por Moisés (Ex 17,14). Josué é, portanto, um varão de indiscutível valor; um líder obediente ao S‍enhor, um executor de ordens totalmente devotado ao seu mentor e mestre, de quem herdou, pela narrativa, "toda a Lei que te ordenou Moisés" (Js 1,7).

---

fazer o errado, sofrerão por suas ações, mas o profeta também será réu, caso não tenha alertado a ambos sobre as consequências das suas ações (FERNANDES, 2021, p. 1-12).

[7] "Se os ninivitas não sabem discernir entre a *direita* e a *esquerda deles*, isto é, não sabem discernir o que é bom ou mau, sabem fazer, porém, gestos penitenciais concretos, à diferença de Jonas e do povo eleito que, apesar de conhecerem o S‍enhor (Ex 34,6-7) e sua Lei (Dt 4,1-9), não aceitam que sua bondade seja estendida aos pagãos" (FERNANDES, 2010, p. 24, nota bj).

2. TRADUÇÃO DO TEXTO A PARTIR DO HEBRAICO[8]

[1]Jericó estava extremamente trancada diante dos filhos de Israel. Não era possível sair ou entrar. [2]Disse, então, o SENHOR a Josué:
"Vê, na tua mão entreguei Jericó, seu rei e os vigorosos de seu exército. [3]Circundareis a cidade. Uma vez por dia, os homens de guerra rodearão a cidade. Farás assim por seis dias: [4]Sete sacerdotes erguerão sete chifres de carneiro diante da Arca e, no sétimo dia, rodeareis a cidade sete vezes e os sacerdotes soarão os chifres. [5]E acontecerá, ao soar o chifre de carneiro e ao escutardes o som de trombeta, todo o povo gritará um grande grito; a muralha da cidade cairá sobre ela e o povo subirá, cada um à sua frente".
[6]Então, Josué, filho de Nun, chamou os sacerdotes e lhes disse:
"Erguei a Arca da Aliança e sete sacerdotes ergam os sete chifres de carneiros diante da Arca do SENHOR".
[7]Ao povo disse:
"Passai e dai a volta à cidade e o grupo armado passará diante da Arca do SENHOR".
[8]E aconteceu conforme Josué disse ao povo; os sete sacerdotes, que erguiam os sete chifres de carneiro diante do SENHOR, passaram e tocaram os chifres, e a Arca da Aliança do SENHOR caminhava atrás deles; [9]o grupo armado caminhava diante dos sacerdotes

---

[8] Tradução pessoal feita a partir do TM[L], reproduzido na BHS, 1977, p. 361-363. A voz do narrador aparece separada na tradução das personagens, que estão devidamente deslocadas na margem direita e entre aspas.

que tocavam os chifres e a retaguarda caminhava atrás da Arca, caminhando e soando com os chifres. ¹⁰E ao povo, Josué ordenou, dizendo:
"Não griteis, não façais ouvir a vossa voz e alguma palavra saia de vossa boca até o dia que eu disser a vós: Gritai! Então, gritareis".
¹¹E a Arca do Senhor rodeou a cidade; uma volta foi dada. Então, entraram no acampamento e pernoitaram no acampamento. ¹²Josué levantou-se bem cedo pela manhã e os sacerdotes ergueram a Arca do Senhor. ¹³E os sete sacerdotes erguendo os sete chifres de carneiro, diante da Arca do Senhor, estavam caminhando e tocavam os chifres, e o grupo armado caminhava diante deles e a retaguarda caminhava atrás da Arca do Senhor, e tocava-se com os chifres. ¹⁴Rodearam a cidade outra vez no segundo dia e entraram no acampamento. Assim fizeram por seis dias.
¹⁵E aconteceu no sétimo dia. Levantaram-se bem cedo, ao alvorecer, e rodearam a cidade do mesmo modo; desta vez por sete vezes; neste dia, rodearam a cidade sete vezes. ¹⁶E na sétima vez, os sacerdotes tocaram os chifres e Josué disse ao povo:
"Gritai, pois o Senhor para vós entregou a cidade! ¹⁷E a cidade será um anátema, ela e tudo o que há nela para o Senhor; apenas Raab, a prostituta viverá, ela e tudo o que com ela está na casa, pois escondeu os mensageiros que enviamos. ¹⁸Vós, porém, guardai-vos do anátema enquanto o executais e nada pegueis do anátema, pois colocaríeis o acampamento de Israel ao anátema e uma desgraça viria sobre ele. ¹⁹Contudo, toda a prata e ouro, bem como

utensílios de bronze e ferro, isso será santificado ao Senhor e entrará no tesouro do Senhor".

[20]E o povo gritou e tocaram com os chifres. Quando o povo ouviu o som do chifre, o povo gritou um grande grito e a muralha caiu sobre ela e o povo subiu à cidade, cada um à sua frente e tomaram a cidade. [21]E consagraram ao anátema tudo que estava na cidade, desde o homem à mulher, desde o jovem ao ancião e até: boi, ovelha e asno pelo fio da espada

[22]E Josué disse aos dois homens que espiaram a terra: "Entrai na casa da mulher prostituta e fazei-a sair de lá, a mulher e tudo o que há para ela, conforme a ela jurastes".

[23]E entraram os jovens que espiaram e fizeram sair a Raab, seu pai, sua mãe e seus irmãos; tudo o que havia para ela e a toda a sua família fizeram sair, e os deixaram fora do acampamento de Israel. [24]A cidade, porém, fizeram arder no fogo e tudo o que havia nela; somente a prata, o ouro e os utensílios de bronze e de ferro colocaram no tesouro da casa do Senhor. [25]Quanto à prostituta Raab, a casa de seu pai e tudo o que havia para ela, Josué deixou viver e habitou no meio de Israel até este dia, porque escondeu os mensageiros que Josué enviou para espiar Jericó.

[26]Naquele tempo, Josué fez um juramento, dizendo: "Maldito seja o homem, diante do Senhor, que erga e reconstrua esta cidade: Jericó; sobre o seu primogênito lançara o seu fundamento e sobre o filho mais jovem porá as portas dela".

[27]O Senhor esteve com Josué e sua fama se difundiu por toda a terra.

3. ESTRUTURA E GÊNERO LITERÁRIO

Js 6 é uma narrativa, relativamente, bem organizada. Notam-se, porém, certas repetições que, de algum modo, a tornam "pesada".[9] Sete partes podem ser identificadas: (a) Notícia de abertura (Js 6,1-2a); (b) A fala do Senhor a Josué, dando instruções precisas (Js 6,2b-5); (c) A ação de Josué em resposta às instruções recebidas (Js 6,6-7); (d) A execução das instruções recebidas (Js 6,8-21); (e) O cumprimento da palavra dada pelos espiões a Raab (Js 6,22-25); (f) o juramento imprecatório de Josué sobre Jericó (Js 6,26-27), (g) A certeza de que o Senhor agiu por ele (Js 6,27). Pode-se admitir que os vv. 1 e 27 servem de moldura do texto.[10]

Do ponto de vista da organização, alguns elementos ficam em evidência e, dentre estes, a Arca da Aliança ocupa, sem dúvida, um papel central na execução das estratégias expostas pelo Senhor a Josué. A Arca é citada dez vezes em três partes: Na ordem do Senhor (v. 4), na ação de Josué (vv. 6[2x].7) e na execução das ordens (vv. 8.9.11.12.13[2x]). Os guerreiros, na frente dos sacerdotes, e, por último, a Arca (v. 9). Além da Arca, os sacerdotes figuram nove vezes em duas partes: Na ordem do Senhor (vv. 4[2x].6[2x]), e na execução da ordem (vv. 8.9.12.13.16). Já as trombetas são citadas quatorze vezes em três partes: Na ordem do Senhor

---

[9] Sicre (2002, p. 179-180) oferece uma estruturação em quatro partes: (I) Conquista de Jericó (vv. 1-20); (II) O anátema (vv. 21-25); (III) Maldição para quem reconstruir a cidade (v. 26); (IV) Glória de Josué (v. 27). Apesar disso, admite, citando Schwienhorst, que Js 6 está repleto de anomalias em nível lógico, temático, semântico, sintático e estilístico.

[10] A proposta de estruturação é muito próxima da apresentada e assumida por DALLA VECCHIA, 2010, p. 56.

(v. 4[2x].5), na ação de Josué (v. 6) e na execução das ordens (vv.8[2x].9[2x].13[3x].16.20[2x]).

A dinâmica empregada, ordem e execução, são dois movimentos essenciais na narrativa desse episódio. Um dado singular desponta: o SENHOR não se opôs ao acordo que os espiões fizeram com a prostituta Raab, devido a sua conduta favorável, e que, na narrativa, ocupa um lugar de grande protagonismo (Js 2,1-21). O acordo, realizado pelos espiões com Raab, foi mantido e honrado devidamente por Josué (Js 6,17.23.25).

Do ponto de vista do gênero literário, Js 6 poderia parecer uma "crônica de guerra", pela frase: "Vê, na tua mão entreguei Jericó, seu rei e os vigorosos de seu exército" (v. 2b), bem como pelo cerco, pelo som das trombetas e pelo grito de todo o povo no sétimo dia (v. 5).

Contudo, a lógica interna e o desenvolvimento da narrativa propiciam uma mudança de perspectiva, pois não parece que o ouvinte-leitor se encontre diante de autêntica narrativa de guerra. Há, sobre isso, claras indicações, instruções e "protocolos" a serem seguidos e que não comparecem na narrativa. Dt 20,1-20 é um típico exemplo.[11]

Então, o foco na Arca, nas trombetas e nos sacerdotes aponta muito mais para uma ação litúrgica. A distinção entre ambiente bélico e ambiente litúrgico-sacro é de fundamental

---

[11] "Não se trata de promover uma 'guerra santa', mas essa prescrição justifica as campanhas militares que ocorrerão sob o comando de Josué na conquista da terra prometida. Em Nm 14,9, Josué e Caleb buscaram encorajar o povo a não temer os habitantes de Canaã. O encorajamento diante de um inimigo mais poderoso é feito com base na experiência de libertação do Egito. O SENHOR é o valente guerreiro e o aliado que luta ao lado e a favor de seu povo (Ex 14,24; Is 41,10; Ne 4,14)" (FERNANDES, 2021, nota da p. 420 sobre Dt 20,1-20).

importância.[12] Nesse sentido, a vitória sobre a cidade de Jericó não foi, portanto, fruto de uma ação bélica, mas litúrgica, sob as ordens do SENHOR, evidenciando os três elementos enfocados, acima citados, em consequência da indiscutível obediência de Josué e das ordens que transmitiu.[13]

4. COMENTÁRIO EXEGÉTICO-TEOLÓGICO

a) Notícia de abertura (Js 6,1-2a)

No v. 1, o narrador introduz a cena da conquista de Jericó, apresentando um grande obstáculo para Josué e aos filhos de Israel, mas, igualmente, para os habitantes de Jericó, pois, com medo, estão totalmente trancafiados dentro da cidade, descrita como uma fortificação impenetrável. São elementos que ampliam e tornam a narrativa empolgante. As muralhas e os ferrolhos apontam para as dificuldades a serem enfrentadas na conquista da primeira cidade cananeia, na Cisjordânia, sob a liderança de Josué.

Segundo a narrativa, é lícito perguntar: o que os nômades, vindos do deserto, não teriam sentido diante de cidade

---

[12] "O texto de Js 6 não é um relato histórico. É possível, sem dúvida, imaginar que tenha nascido para explicar por que a cidade estava em ruínas e desabitada e, sobretudo, por que não existia nela nenhum traço da sua população... O massacre dos habitantes de Jericó é uma ação simbólica que diz alguma coisa sobre o culto do Deus de Israel, e não sobre o modo como se deve tratar os povos estrangeiros" (SKA, 2015, p. 18-19).

[13] A chegada a Guilgal e os acontecimentos que ali se deram, segundo a narrativa (Js 4,19-24; 5,2-12), podem oferecer mais base para a ênfase litúrgica da conquista de Jericó. Segundo J. R. Poter (2009, p. 70): "A história pode ter origem em um rito celebrado no santuário de Guilgal, que significa 'círculo de pedras'. O rito pode ter sido a reencenação de uma lenda segundo a qual a tribo de Benjamim capturou Jericó, cidade cujas muralhas rompidas podiam ser vistas nas proximidades".

tão imponente? Que meios bélicos teriam a sua disposição? Que experiência bélica teriam os valorosos varões aptos à guerra, conforme Nm 26? A presença e o auxílio do SENHOR, de acordo com a sua vontade, são o ponto de partida para as respostas.

É preciso, diante dessa situação, perceber o sentido dos dois espaços. Fora, estão os filhos de Israel; dentro, os habitantes de Jericó. Entre os dois grupos encontra-se a muralha. Para os de fora é obstáculo; para os de dentro parece ser um sinal de proteção. Por um lado, a informação "Não era possível sair ou entrar" indica a atitude que, normalmente, era assumida por uma cidade fortificada quando estava sitiada por um inimigo (2Rs 18,9). Por outro lado, quer enfatizar, ainda mais, que, pela grandeza do obstáculo a ser superado, a vitória concedida pelo SENHOR a Josué engrandecerá a sua fama de grande conquistador. As vitórias de Josué serviriam, dentro do conceito de retribuição, como sinal da presença do SENHOR e da sua bênção (Js 1,8).[14]

b) A fala do SENHOR a Josué, dando instruções precisas (Js 6,2b-5)

É exatamente diante da notícia da impenetrabilidade da cidade de Jericó que o narrador, na primeira parte do v. 2,

---

[14] Nm 13,1-33 deve ser evocado. Os libertos do Egito ouviram dos doze espiões não só as maravilhas de Canaã como também os obstáculos que deveriam ser enfrentados para entrar e conquistar o território. O resultado foi o recuo diante da ordem do SENHOR e a consequente permanência no deserto por quarenta anos. Tempo que fez morrer a geração dos libertos e testemunhas do êxodo do Egito (Nm 1–25), mas que, igualmente, fez surgir o "novo Israel", nascido no deserto e que, antes de superar Jericó, como seu primeiro obstáculo e conquista, ainda nas estepes de Moab, ouviu Moisés e renovou a aliança, atestado de fidelidade (Dt 28,69–30,20).

introduz e cede a fala ao Senhor, que, como um estrategista, dirige-se a Josué, dando-lhe as instruções necessárias para a conquista. A intimidade do Senhor com Moisés passou para Josué, que aparece como capaz de ouvir o Senhor e suas ordens. Era de esperar que o "chefe do exército do Senhor" tomasse a dianteira no comando ao lado de Josué, mas parece que sua missão foi a de testar a obediência de Josué (Js 5,15).

Em primeiro lugar, o Senhor antecipa a notícia da vitória: "Vê, na tua mão entreguei Jericó, seu rei e os vigorosos de seu exército". Esta fala do Senhor é, praticamente, idêntica a Dt 2,24, quando Moisés relembra que o Senhor entregou Seon, rei dos amorreus, em sua mão (Nm 21,21-31). Também se repete em Js 8,1, quando o Senhor anuncia a vitória sobre Hai após a punição de Acã e de seus bens (Js 7,16-26). A ação no grau perfectivo (*qal qatal*), "entreguei", indica que a vitória é certa. É uma exaltação antecipada da soberania do Senhor.

Nota-se que, na tríade sobre Jericó (cidade – rei – vigorosos), encontra-se um modo de demonstrar que a cidade estava devidamente organizada e, talvez, capaz de resistir, mas se quis intensificar o feito e os resultados que decorrerão. Nada, segundo a narrativa, se antepõe à vontade do Senhor sobre o destino de Jericó. Os ferrolhos dos portões de Jericó poderiam ser comparados ao endurecimento do coração do faraó ante a decisão libertadora do Senhor.[15]

---

[15] "A obstinação do *coração* do faraó e as pragas milagrosamente enviadas para afligi-lo colocam em destaque o poder do Deus libertador. Para a *Torah*, nenhum faraó com obstinado *coração*, nenhum soberano e nenhuma instituição conseguem deter a vontade de Deus de libertar os seres humanos. Essa vontade para sempre triunfará, pois Deus quer que todos sejamos livres!" (GROSS, 2017, p. 95).

A seguir, nos vv. 3-5, o S ENHOR se revela como verdadeiro líder estrategista; começa a dar instruções diretas e claras a Josué, líder do povo e lugar-tenente obediencial, apresentando-lhe o seu plano e o procedimento para superar e vencer o grande obstáculo.

Uma indiscutível atenção deve ser dada a essa fala do SENHOR a Josué, por ser de capital importância para a correta leitura e compreensão de todas as instruções a serem seguidas por Josué. Na verdade, está em jogo a capacidade de Josué ouvir, isto é, de obedecer, e de colocar em prática todas as ordens recebidas de maneira precisa e minuciosa.

"Circundareis a cidade" é a primeira ação. Tal cerco possui certas afinidades com o cerco de Madiã em Jz 7,15-22. A ação de circundar equivale à formação de uma "muralha de gente" que se põe diante da muralha de pedras que cercava e protegia Jericó. É o estratagema básico que permite mostrar que os filhos de Israel são numerosos a ponto de rodear e fechar, ainda mais, uma cidade já trancada em si mesma. Assim, ninguém poderia tentar uma fuga. Há, da parte dos filhos de Israel, os varões aptos para a guerra, mas não aparecem citados como dispostos em ordem de batalha, mas como membros de uma ação litúrgica.

O cerco de Jericó, possivelmente, poderia ser visto pelo rei, pelos vigorosos do exército e por todo o povo, do alto das muralhas. A imagem deveria ser aterrorizante, pois a prostituta Raab já havia dito aos espiões: "Eu bem sei que o SENHOR vos deu a terra. De certo o pavor de vós caiu sobre nós e todos os residentes da terra desfalecem perante vós" (Js 2,9). Notícia que foi confirmada pelos espiões a Josué, quando voltaram da expedição (Js 2,24).

À primeira ação, segue-se outra que será repetida durante uma semana. Nessa nova ação, os "homens de guerra" de Israel são contrapostos aos "valorosos do exército" de Jericó. Nm 31,28.49 traz a mesma expressão, "homens de guerra" (אַנְשֵׁי הַמִּלְחָמָה), em um contexto positivo, memória da guerra contra Madiã, pois foram dignos de receber parte dos despojos.

Em contrapartida, Dt 2,14.16 recorda que os "homens de guerra", pertencentes à geração que deixou o Egito, foram eliminados durante os trinta e oito anos de permanência no deserto. É este episódio que se encontra na base da circuncisão que Josué realizou sobre os varões que nasceram no deserto e se tornaram os novos "homens de guerra" (Js 5,2-9). Então, a circuncisão e a primeira celebração da Páscoa em Canaã (Js 5,10-12) caracterizam os varões que formam o novo exército dos filhos de Israel.

Além disso, há dois protagonistas presentes na ordem dada pelo SENHOR. Os "homens de guerra" e os "sete sacerdotes". Importante notar que o SENHOR não revelou o número dos "homens de guerra",[16] mas deixou bem claro o

---

[16] Nm 26 é um novo recenseamento. Os homens aptos para a guerra foram contados de vinte anos para cima. Seu total chegou, segundo a narrativa, a seiscentos e um mil e setecentos e trinta recenseados. Por certo, uma cifra hiperbólica. Embora Moisés continue como líder até Dt 34, Josué e Eleazar, filho de Aarão, assumirão a liderança, evidenciando a estreita colaboração entre âmbito civil e religioso (algo que se repetirá com Zorobabel, filho de Salatiel, e Josué, filho de Josedec, líderes dos repatriados, conforme Esd 1,1–6,22; Ag 1,1.12-14; 2,1-9.20-23; Zc 3,1-10; 4,6b-10. Zorobabel e Josué são as duas oliveiras, isto é, os dois ungidos do SENHOR, conforme Zc 4,11). Por isso, segue-se, imediatamente, a contagem dos levitas (Nm 26,57-65). Eleazar, inclusive, foi o encarregado do novo recenseamento. Os que foram contados representam uma nova geração e têm a ver com a necessária e futura subdivisão do território de Canaã. A antiga geração deu lugar à nova, digna de entrar e conquistar a terra (OLSON, 2006, p. 176-179; NGUYEN, 2017, p. 260-269).

número dos sacerdotes. Verifica-se, então, a íntima relação entre os sete dias em que a cidade deverá ser rodeada pelos "homens de guerra" e os sete sacerdotes que deverão soar o chifre de carneiro, isto é, o *shôpār* (v. 5).[17]

Nessa referência temporal, ecoam-se os sete dias da criação (Gn 1,1–2,4a), mas em sentido oposto, pois o resultado da ação não será a criação do mundo, mas sim a queda da fortificação de Jericó. O que se fará no primeiro dia, uma única vez, deverá ser repetido nos demais dias, até atingir o clímax no sétimo dia. Os seis primeiros dias serviram de preparação para o sétimo, no qual todo o povo atuará com "um grande grito", diante do qual o obstáculo será retirado, pois a muralha ruirá. É desse modo que os de fora entrarão na cidade.

Dado singular encontra-se no objeto da ação e no que determina cada grupo. Os filhos de Israel têm a ação dos sete sacerdotes diante da Arca,[18] que, nesse contexto, além de

---

[17] As trombetas primitivas eram feitas do chifre de carneiro *(yôbēl)* e usadas tanto no campo de batalha como nos atos cultuais. Mais tarde, foram substituídas pelo metal. O som produzido orientava o sentido da ação: avisar a aproximação de um inimigo (Jz 3,27; 6,34; 1Sm 13,3; Is 18,3; Jr 4,5-6; Ne 4,12), para dar início ao jubileu (Lv 25,9), indicar a movimentação da Arca da Aliança (2Sm 6,15; Sl 47,6; 98,6), os novilúnios (Sl 81,4), os atos penitenciais (Jl 2,15) e as ações solenes de juramentos (2Cr 15,14). Era costume que os exércitos em confronto fizessem grandes alaridos para intimidar. É provável que, quem gritasse mais alto, desse a entender que tinha um exército mais numeroso. Singular importância teológica encontra-se no uso do *shôpār* na teofania do Sinai (Ex 19,16.19; 20,18) e no anúncio do *yôm* YHWH (Jl 2,1; Sf 1,16). No primeiro caso, é o anúncio da presença do Divino Soberano. No segundo caso, o anúncio do dia de juízo e ajuste de contas (O'CONNELL, # 8795 2011, שׁוֹפָר, p. 68-69).

[18] É possível que o uso da Arca com fins bélicos contra os filisteus, primeiro com uma derrota (1Sm 4,1–7,1) e depois com uma vitória (1Sm 14,18), tenha a ver com a presença e a ação da Arca em Js 6,4.

representar a presença do SENHOR no meio do povo, é forte opositora das muralhas que servem de escudo e proteção para os habitantes de Jericó. Denota-se, ainda, a sensibilidade literária e factual, pois se diz que "o povo subirá", por certo devido à elevação e às pedras da muralha derrubadas, mas a invasão será de maneira ordenada: "cada um à sua frente".

Resulta da revelação dos planos e estratégias do SENHOR, apresentados a Josué, que a destruição das muralhas não se deveu ao aríete (grande tora de madeira pendular com formato de carneiro na ponta), instrumento usado comumente para derrubar as muralhas de uma cidade sitiada em uma guerra.[19] Mesmo assim, não deixou de se fazer presente no chifre do carneiro soado pelos sete sacerdotes durante os sete dias. Tudo aconteceu dentro de um prazo considerado pleno. Singular, ainda, é que não se falou da possibilidade de rendição do rei, dos valorosos e do povo encerrado dentro das muralhas de Jericó. Prevaleceram a prepotência e a obstinação colocadas na possível inviolabilidade das muralhas.

c) A ação de Josué em resposta às instruções recebidas (Js 6–7)

Josué não pôs em prática as ordens do SENHOR pelos "homens de guerra" (v. 3), mas começou pelos "sacerdotes" (v. 4). A inversão é importante por dois motivos. Recai a ênfase sobre a liturgia, e não sobre a habilidade bélica, endossando o sentido do gênero literário do texto.[20] Além

---

[19] HERTZBERG, 2001, p. 60; MARSHALL et al., 2008, p. 611-614.

[20] Js 24,11 aponta para uma tradição diferente de Js 6, pois atesta que, de fato, teria havido uma batalha entre os líderes de Jericó e os filhos de Israel. Contudo, a queda das muralhas oferece uma vitória "milagrosa", sem que aspectos bélicos desapareçam totalmente (SICRE, 2002, p. 178).

disso, evidencia que o comando partiu de Josué, e não de Eleazar, que, após a morte de seu pai, Aarão, assumira seu lugar como sumo sacerdote (Nm 20,22-29).

Deve-se destacar, ainda, a insistência na filiação de Josué: "filho de Nun". A primeira referência ocorreu em Ex 33,11. É uma citação que merece destaque, pois afirma que Josué era servidor de Moisés, jovem e que não se distanciava da tenda da reunião. É uma ímpar proximidade que, pouco a pouco, vai predispondo o ouvinte-leitor para os desdobramentos que se sucederão ao longo da travessia pelo deserto. A centralidade sobre Josué mostra que existe uma função pedagógica que precisará acontecer, pela qual a liderança será transmitida a quem, desde o início, figura ao lado do grande líder Moisés.

A segunda citação está em Nm 11,28, que atesta tal aproximação, mas introduz, pela primeira vez, uma fala de Josué na qual demonstra ciúme, de acordo com a interpretação do próprio Moisés, no tocante à efusão do espírito, estendida, igualmente, a Eldad e Medad.[21]

Dado singular encontra-se em Nm 13,8. O nome do jovem era Oseias, e Moisés o mudou para Josué. Uma notícia "atrasada", visto que, por duas vezes, Josué já o havia sido

---

[21] A descentralização do poder adveio de um pedido do próprio Moisés, que demonstrou aceitar, prontamente, o auxílio institucional dos anciãos. Eldad e Medad atestam que o S‍ENHOR é quem, livremente, concede o dom e, por conseguinte, a atitude de Moisés em relação a Josué equipara-se à lição do mestre ao discípulo (OLSON, 2006, p. 85-86. Sobre o dom do espírito concedido, igualmente, a Eldad e Medad, veja-se: ANDRADE, 2020, p. 80-87).

citado.[22] Ao lado dessa notícia, aparece, pela primeira vez, que Josué era da tribo de Efraim. Portanto, um descendente de José. É uma informação importante, pois, segundo a bênção dada por Jacó antes de morrer, o patriarca pousou a mão direita sobre Efraim a fim de indicar o privilégio de posição sobre Manassés, filho mais velho de José, que, diante da ação de seu pai Jacó, interveio com uma reclamação (Gn 48).

Josué, então, é um "José redivivo" (sem a noção de imortalidade, os pais seguem vivos nos seus descendentes). Como José foi o responsável por fazer entrar Jacó e seus irmãos no Egito, sob o convite do faraó (Gn 45,16–47,12), cabia ao seu descendente o ato de devolução à terra de Canaã. Não à toa, portanto, Josué foi escolhido como sucessor de Moisés, e não um de seus dois filhos.[23] Essa interpretação,

---

[22] Tanto Oseias como Josué derivam da mesma raiz, que significa "salvar" (*yš'*). A mudança operada por Moisés é significativa, pois, por um lado, indica a autoridade de Moisés em relação ao seu auxiliar; por outro, Oseias (*hôšēa'*) seria uma forma verbal no *hifil*, dando a entender que ele seria a causa de uma ação. Já no nome Josué (*yehôšua'*) indica-se que o SENHOR é quem age e salva. "Portanto, os textos nos quais aparece Josué exibem uma continuidade de tema e perspectiva que confirma a sua conexão histórica com Moisés: líder militar; assistente de Moisés; sucessor de Moisés" (HAWK, 2012, p. 496-498).

[23] Paira um grande mistério sobre o destino de Séfora, esposa de Moisés, e de seus dois filhos, Gersam e Eliezer (Ex 2,22; 4,29; 18,2-4). A última citação sobre os filhos de Moisés encontra-se em uma genealogia que apresenta e organiza as classes e funções dos descendentes de Levi (1Cr 23,15-17). Talvez o principal motivo seja o da pureza legal, visto que os filhos de Moisés descendem de uma madianita. Além disso, em Nm 12,1 encontra-se a murmuração de Maria e Aarão, por Moisés ter-se casado com uma "mulher cuchita", isto é, etíope, evidenciando a questão da endogamia, pela qual se colocaria em discussão a autenticidade profética de Moisés (NGUYEN, 2017, p. 158-160).

embora entre em choque com a visão sacerdotal, descrita em Nm 20,1-11.12-13, tem o seu peso, pois, da saída do Egito até a fixação na terra de Canaã, os ossos de José acompanharam toda a trajetória (Gn 50,25; Ex 15,19; Js 24,32).

A primeira ordem de Josué aos sacerdotes foi: "Erguei a Arca da Aliança" (v. 6). Longe de ser um amuleto, é como um soldado-herói que se coloca de pé e vai para o campo de batalha. A sua presença e o seu uso, nesse contexto, indicam que o próprio SENHOR, nela representado, se ergue contra a cidade de Jericó. A sacralidade da Arca da Aliança aponta para a garantia de que a vitória advirá do SENHOR, e não da engenhosidade bélica de Josué.

Na sequência, outra ação: "sete sacerdotes ergam os sete chifres de carneiros diante da Arca do SENHOR". Se for feito um pequeno esforço, pode-se imaginar o candelabro de sete braços (Menorá) que ardia dentro da tenda-santuário no deserto (Ex 25,31-40; 37,17-24). Assim, os sete sacerdotes, com os sete chifres de carneiro, são como luzeiros acesos diante da Arca da Aliança. O som das trombetas era como o eco da voz potente do SENHOR (Sl 29,3-9), lembrando a teofania do Sinai/Horeb (Dt 5,25; 18,26) e evocando a sua ação tanto contra os seus inimigos (Is 66,6) como contra seu povo (Mq 6,9).

Não se fez menção ao soar do chifre de carneiro, ao som de trombeta nem ao grito do povo (v. 5). Passou-se direto à formação do povo como uma muralha viva circundando a muralha da cidade. Nota-se que essa formação tem a ver com a preparação e a expectativa da queda da muralha, quando se dará a invasão.

Um dado na execução da ordem chama a atenção: "e o grupo armado passará diante da Arca do Senhor" (v. 7).

Josué não repetiu "homens de guerra". No hebraico encontra-se um particípio masculino no singular, na voz passiva e determinado por artigo: "e o grupo armado" (וְהֶחָלוּץ), que ainda ocorrerá em Js 6,9.13. Esse particípio poderia ser tomado como um indicador coletivo: o grupo equipado e pronto para um combate; então, como sinônimo de exército. Seria o grupo mais forte, capaz de remover os obstáculos para que o povo pudesse subir, entrar e tomar posse da cidade, votando-a à consagração, isto é, ao anátema.[24]

d) A execução das instruções recebidas (Js 6,8-21)

Nos vv. 8-10, as ordens do Senhor começaram a ser executadas. A mediação foi respeitada e tudo está "conforme Josué disse ao povo". Este aparece na primeira posição, dado que atesta unidade na aceitação dos propósitos apresentados. As posições são assumidas e cada grupo faz apenas o que deve fazer. Em uma "batalha", ou "ação litúrgica", cada grupo de pessoas deve fazer tudo e somente o que lhe compete fazer dentro da unidade requerida. Enquanto os chifres são tocados, o povo deve observar o silêncio. O som dos chifres é como a teofania do Sinai, que revela a presença potente do Senhor (Ex 19,16-19). Quando o Senhor "fala", cabe ao povo o temor e o silêncio (Ex 20,18-21).

Como o planejamento foi colocado em ação, atenta-se para o fato de que os sacerdotes foram indicados para carregar a Arca do Senhor (v. 6.12). Era uma função que podia ser também dos levitas (Dt 31,9; Js 3,3). Sobre a Arca, verifica-se uma graduação. No início, foi citada sozinha (v. 4), depois no construto como "Arca da Aliança" e "Arca do Senhor"

---

[24] ELS, # 2740 חלץ, 2011, p. 154-155.

(v. 6), para, enfim, ser definida de forma completa: "Arca da Aliança do Senhor" (v. 8).[25]

O fato de o povo aparecer na primeira posição tem a ver com seu importante papel na ação: silêncio total a ser feito do início das ações até o momento do grito no sétimo dia. Com isso, cria-se uma clara e objetiva distinção entre o som das trombetas, que durante os sete dias retumbaria, e o grito que o povo deverá dar no momento indicado por Josué.

O silêncio, ao qual o povo foi chamado a fazer durante os sete dias, é importante. O silêncio é, por um lado, uma ação necessária em um campo de batalha; mas é, por outro lado, a ação eloquente da liturgia. Sf 1,7 afirma que o silêncio, no âmbito cultual, não partiu dos sacerdotes, mas foi exigido diante do Senhor, pois o *yôm* YHWH estava próximo.[26]

Um vislumbre sobre a cena da marcha em execução mostra uma organização sem igual e lhe concede, ainda, mais valor ritual. É como uma procissão litúrgica. No centro está a Arca da Aliança do Senhor, protegida pela frente e pela retaguarda. As posições de cada grupo de pessoas, bem como as suas respectivas ações, produzem, indiscutivelmente, um forte impacto psicológico. Apesar de o Senhor ter afirmado a Josué que entregaria a cidade em suas mãos, a sua perícia

---

[25] Nm 10,33; 14,44; Dt 10,18; 31,9.25-26; Js 3,3; 4,7.18; 6,8; 8,33; 1Sm 4,3-5; 1Rs 6,19; 8,1.6; 1Cr 15,25-26.28-29; 16,37; 17,1; 22,19; 28,18; 2Cr 5,2.7. A última citação completa ocorre em Jr 3,16, que denota uma ruptura com o passado em perspectiva de um futuro diferente nas relações com o Senhor. Jerusalém, como um todo, será a representante do Senhor e não mais simplesmente a Arca da Aliança (LOPASSO, 2013, p. 73-74).

[26] Para a visão de conjunto sobre o *yôm* YHWH no profeta Sofonias, veja-se FERNANDES, 2014, p. 288-294.

obediencial, coadjuvada pelos demais membros dos filhos de Israel, não foi dispensada. A vitória garantida pelo SENHOR contou com a participação dos envolvidos.

Nos vv. 11-14 segue a descrição das ordens do SENHOR, segundo a estratégia que apresentou a Josué, e que este, devidamente, colocou em prática. Como já acenado, a Arca do SENHOR tem grande destaque. É ela que dá uma volta e rodeia a cidade no primeiro dos sete dias. Só após essa notícia se faz referência aos participantes da ação, pelas formas verbais que foram usadas no plural, "entraram... pernoitaram".[27] O ponto de referência é o acampamento. Pode-se dizer que, através da Arca, o SENHOR e o seu exército rodearam a cidade de Jericó.

O segundo dia de ação traz novas informações (vv. 12-13) e a narrativa é concluída em forma de síntese (v. 14). A começar pela pronta disposição de Josué, que se levanta bem cedo. À ação do líder, seguem-se as ações dos demais envolvidos: os sacerdotes em sua função, o grupo armado que caminhava diante deles e os que seguiam na retaguarda. Enfatiza-se o toque das trombetas. No v. 12 está dito que "os sacerdotes ergueram a Arca do SENHOR". Tal informação, além de complementar, assegura que somente pessoas autorizadas podiam tocar na Arca do SENHOR. A atribuição aos sacerdotes não invalida a menção que, acima, fora feita aos levitas, com base em Dt 31,9.

Como no primeiro dia, a cidade foi rodeada mais uma vez e o narrador, para não se tornar repetitivo, apenas informa que o circuito se repetiu e foi feito por seis dias.

---

[27] A ação feita a cada dia em torno das muralhas de Jericó lembra um dia de trabalho (HERTZBERG, 2001, p. 64). Difícil não pensar no resultado de cada dia da criação segundo Gn 1,1–2,4a.

Algo de certa forma impreciso, pois, se dois dias haviam sido concluídos, então a última notícia deveria ser: "Assim fizeram por cinco dias". Contudo, ao que parece, o primeiro e o segundo dia foram incluídos nessa síntese, a fim de que o sétimo dia pudesse ganhar destaque.

O v. 15 está conforme a ordem dada no v. 4. O tão esperado sétimo dia chegou e tudo começou bem cedo; por certo, como nos dias anteriores. Curioso é que não foi dito quanto tempo era necessário para que todos os envolvidos rodeassem a cidade. Contudo, o tempo de duração para executar a ordem no sétimo dia foi igualmente setuplicado.

Não se pode ignorar um fato: o sétimo dia (בַּיּוֹם הַשְּׁבִיעִי) é o *shabbat*, último dia da criação (Gn 2,2). É o mesmo sintagma que ocorre em Js 6,15. Contudo, no Decálogo está dito que é um dia de repouso, consagrado ao S<small>ENHOR</small> (Ex 20,11; 31,15; Dt 5,12-15). Como, então, todas as estratégias foram programadas para o *shabbat*? Além disso, a ação setuplicada dos sacerdotes, do grupo armado e de todo o povo no *shabbat* não seria uma profanação desse dia tão sagrado?[28]

Na contagem geral, houve no sétimo dia um jubileu[29] de voltas em torno da cidade, antes que sua muralha, segundo a narrativa, viesse abaixo. Nota-se que o nome de Josué e dos envolvidos não foram citados, nem a Arca. Tudo ficou subentendido na notificação: "do mesmo modo". Então, o

---

[28] Ainda que o sétimo dia não fosse o *shabbat*, pelo fato de as estratégias ocorrerem durante sete dias, de algum modo o *shabbat* estaria incluído. Tertuliano já havia notado e tratado disso na obra *Polêmica com os judeus* 4,7.9 (FRANKE, 2007, p. 54).

[29] A legislação sobre o jubileu em Lv 25 oferece elementos e um contexto valioso para a interpretação de Js 6, pois a total destruição da cidade aconteceu no sétimo dia (DOZEMAN, 2015, p. 331).

que está por vir representa tanto a ação do SENHOR, que ordenou o feito, como a obediência de Josué e dos que foram envolvidos na estratégia executada.

Constata-se que, ao longo da narrativa, não houve nenhuma murmuração ou aversão às ordens. A nova geração dos filhos de Israel, nascida no deserto e que renovou a aliança nas estepes de Moab (Dt 28,69–30,20), aparece com traços de fidelidade e disposta a entrar e a conquistar a terra de Canaã. Atitude oposta à dos seus antepassados, que desobedeceram e, por isso, morreram durante os quarenta anos de permanência no deserto.

O narrador resumiu seis dias em uma frase (v. 14c) e também fez a transição para o que ocorreu no sétimo dia pela sétima vez. Foi o último ato dos sacerdotes antes de Josué dar ao povo a ordem tão esperada: "Gritai!". O ouvinte-leitor pode se perguntar: qual foi o conteúdo desse grito? Na ordem do SENHOR apenas estava: "o povo gritará um grande grito" (v. 5).

A resposta advém do verbo hebraico *rûaʻ* (רוּעַ), do qual deriva o substantivo feminino *terûʻâ* (תְּרוּעָה), isto é, o sinal de alarme produzido pelo chifre de carneiro (Js 6,5.20). O povo devia fazer um grande alarido, que, ao mesmo tempo, indicava o louvor ao SENHOR e a euforia pela vitória sobre o inimigo (Is 42,13; 44,23; Jr 50,15; Sf 3,14). Tal grito foi feito na descrição da chegada da Arca da Aliança no acampamento dos filhos de Israel contra os filisteus (1Sm 4,5). É o grito que festeja a chegada do herói no campo de batalha (1Sm 17,51-52; Is 42,13). Com tal grito, o rei Saul foi aclamado (1Sm 10,24). Também a Arca da Aliança, quando chegou a Jerusalém por ordem do rei Davi, foi aclamada ao som da *terûʻâ* (2Sm 6,15). Não à toa, Josué explica a razão do grito: "pois o SENHOR para vós entregou a cidade" (Js 6,16c).

Um dado singular encontra-se na fala de Josué, pois aparece a relação entre a ordem de gritar e a necessidade de explicar ao povo o que este pode e o que não pode fazer ao entrar na cidade de Jericó. É um interlúdio estranho na narrativa, pois chegou a hora de gritar, mas o povo, primeiro, tem que escutar as devidas recomendações. Entretanto, o que Josué informa, com detalhes, não estava contido nas ordens recebidas do SENHOR (vv. 3-5). Josué quer ter o seu primeiro êxito como líder e, por isso, sabe que a vontade do SENHOR não pode ser violada.

A primeira ação a ser feita é típica de uma investida bélica, mas é difícil de ser ouvida e aceita pelo fiel, pois o choca a imagem de um Deus "violento". Votar algo, uma pessoa ou uma cidade ao anátema, do hebraico *ḥērem* (חֶרֶם),[30] pode ter dois sentidos correlacionados: "extermínio" e "consagração" (Lv 27,21.28.29). A oferta de uma vítima, consagrada ao SENHOR, era totalmente consumida pelo fogo, como no caso de um holocausto (Lv 1,1-17), ou de um sacrifício pelo pecado (Lv 4,1-12). Tudo o que está na cidade deve ser votado ao

---

[30] O substantivo *ḥērem* recebeu desenvolvimentos no seu uso pelas línguas semíticas. Na BH, pertence ao âmbito que envolve o sagrado e denota a qualidade específica de uma pessoa ou um objeto. É, nesse sentido, um substantivo que contém em si uma ação de pertença a outrem. "O *ḥērem* de guerra é descrito nas leis (Dt 7,2; 13,16; 20,17), anunciado pelos profetas (Is 34,2; Jr 25,9; 50,12.16; 51,3) e pode aparecer em narrativas (Nm 21,2-3; Js 6,21; 8,26; 10,1.28)... Designa um tipo de pena capital por ação judicial (Lv 27,29), ou confisco de bens (Esd 10,8)... Na guerra é um ato religioso pelo qual os inimigos são consagrados a Deus... Não cumprir o anátema determinado trazia sérias consequências (Jz 7; 1Sm 15). O uso de *ḥērem*, em sentido cultual e bélico, pertence apenas ao direito divino" (BREKELMANS, 1978, p. 879-884). Para uma síntese sobre o uso e a função do *ḥērem* na BH e uma particular aplicação ao livro de Josué, veja-se MITCHELL, 1994, p. 55-66.

anátema, isto é, consagrado ao SENHOR. Por essa forte ação, Canaã, que pertence ao SENHOR (Lv 25,23), devia ser purificada e ficar livre de toda forma e resíduo de idolatria.[31]

Ao levar em conta o que afirma a arqueologia sobre Jericó, na época em que os filhos de Israel teriam passado por ela (final do século XIII aC) para entrar na terra de Canaã, a cidade já estava em ruínas e muito tempo desabitada.[32] Nesse sentido, o autor do livro de Josué, conhecedor das ruínas da cidade, teria usado e reinterpretado a destruição de Jericó sob a ação do anátema. Algo parecido encontra-se no caso da conquista de Horma (Nm 21,1-3).

A ação exigida se encaixava bem nos propósitos de conquista e, ao mesmo tempo, explicava o motivo para uma

---

[31] "A política de extermínio militar (por fortuna, só teórica) contra os sobreviventes que restaram no país, que os deuteronomistas projetaram na primitiva história de Israel, nasceu no exílio por temor a uma possível alienação cultural e religiosa. Ao mesmo tempo, dada a situação de apuro que se vivia na terra de Judá, os deuteronomistas trataram de apresentar Yahvé aos demais povos como detentor de um poder insuperável (Js 3,11.13; 4,24)... Apesar de algum deslize bem mais irrelevante (Js 7; 9), essa etapa fundacional de Israel tinha sido, segundo os deuteronomistas, uma época de salvação" (ALBERTZ, 1999, p. 496-497).

[32] ALBERTZ, 1999, p. 133, nota 11. Jericó, por diversos fatores, é um dos mais antigos assentamentos humanos do neolítico (do X ao IV milênio aC) e se desenvolveu durante o período do Bronze Antigo. Dentre esses fatores, encontra-se a possibilidade de transformação, habitação e permanência, devido à irrigação graças ao oásis existente no local. Embora uma fortificação murada denote esforço de uma comunidade organizada do ponto de vista político, não significa, em si, que tenha havido um governo central capaz de tal feito. Um salto nessa direção parece ter ocorrido no início do Bronze Antigo I e culminou no III, período que vai, aproximadamente, de 3500–1300 aC (BEN-TOR, 2004, p. 307-308). Contudo, altos e baixos caracterizam esse período, em particular o colapso das cidades-estado no final do Bronze Antigo (KESSLER, 2009, p. 58-62).

cidade milenar não ter sido mais reconstruída. A destruição total da cidade, então, foi explicada, teologicamente, pelo anátema determinado por Josué. De fato, Js 6,26 traz um juramento feito por Josué, amaldiçoando quem tentasse reconstruir Jericó.[33]

Na sequência, encontra-se a única exceção: Raab, a prostituta, e toda a sua casa estariam fora do anátema. A razão oferecida é clara: "pois escondeu os mensageiros que enviamos" (v. 17). Por um lado, um benefício se paga com outro benefício. É a *lex talionis* no sentido positivo. Por outro lado, é um resgate do que fora narrado em Js 2,8-21, demonstrando, acima de tudo, que os filhos de Israel são capazes de honrar os pactos estabelecidos sob forma de juramento. O pacto feito com Raab não foi relatado em detalhes pelos espiões, mas subjaz na notícia que deram: "e vieram a Josué, filho de Nun, e lhe contaram tudo quanto lhes havia acontecido" (Js 2,23c).

A fim de que a exceção, concedida a Raab e aos seus, não desse a entender que a ordem do anátema fosse relativa, Josué alertou o povo quanto ao grande perigo, em uma relação de causa e efeito, que adviria para todo o acampamento caso alguém violasse essa ordem. Tal alerta é, sob a dinâmica da narrativa, uma prolepse para o que será relatado em Js 7,1 e suas consequências no tocante à derrota na primeira investida contra a cidade de Hai (Js 7,2-5).

---

[33] Na dinâmica bíblica: "A conquista de Josué (sustentada por histórias etiológicas, como a conquista de Jericó, que na época em questão há séculos estava abandonada) servia, então, para justificar a tomada de posse do país por parte dos repatriados vindos do exílio babilonense" (LIVERANI, 2011, p. 568-569; LIVERANI, 2003, p. 316-317). Há quem classifique a queda das muralhas de Jericó, ao som das trombetas de guerra, como uma miragem romântica (FINKELSTEIN; SILBERMAN, 2002, p. 94).

Sob a relação de causa e efeito está a lógica da retribuição no binômio bênção-maldição, que se traduz em obediência, sinal de justiça, e desobediência, sinal de injustiça (Dt 28). Josué refere-se à desgraça que poderia advir ao acampamento, e, como tal, essa aparece identificada com a derrota de Hai em Js 7,5d: "e desfaleceu o coração do povo e foi como água".

Além da exceção concedida a Raab e a toda sua casa, a última informação dada por Josué não é estranha, mas condizente com o que deveria ser feito com os espólios de guerra após a confirmação da vitória. Os itens preservados eram de metais considerados preciosos: prata, ouro e utensílios de bronze e ferro.

A sequência "prata e ouro" é frequente na BH.

Antes da referência a Js 6,19, o vidente Balaão, por duas vezes, afirma que a ordem do Senhor valia mais do que a prata e o ouro oferecidos como pagamento pelo rei Balac de Moab (Nm 22,18; 24,13). De acordo com as ordens de Moisés, os ídolos feitos de prata e ouro deveriam ser destruídos, pois são uma abominação ao Senhor (Dt 7,25; 29,16).

Depois de Js 6,19, há três referências significativas. Uma questão de juramento, violado por Saul com os gabaonitas, colocou o rei Davi diante de uma difícil decisão, pois era preciso restabelecer a justiça entre os gabaonitas e a casa de Saul. Nesse caso, a prata e o ouro de nada serviram (2Sm 21,4-6). Utensílios de prata e ouro, que adornavam o templo de Jerusalém, foram usados pelo rei Asa de Judá para pedir socorro a Ben-Adad, rei de Aram, em uma espécie de aliança contra Baasa, rei de Israel (1Rs 15,15.19). Como último exemplo, 2Rs 7,3-20 narra o desmantelamento do acampamento dos arameus e como este foi espoliado, primeiro por quatro leprosos, que levaram prata, ouro e vestes; e depois, devido à notícia que deram aos guardas da cidade de Samaria, houve uma finalização desse saque.

Ao lado da prata e do ouro, são citados os "utensílios de bronze e ferro". Estes não são especificados, mas, certamente, poderiam ser encontrados nas casas dos mais abastados e, em particular, no palácio do rei e da divindade local. A menção do material, bronze e ferro, é algo singular do ponto de vista cronológico, pois a transição do período do Bronze para o Ferro se deu entre o final do século XIII aC e o início do século XII aC.[34]

Em geral, o bronze era usado na fabricação de taças, pratos, escudos, espadas, grilhões, revestimento de móveis etc. Ex 26,37 afirma que a base das colunas era de bronze. Grelhas, argolas, turíbulos e adornos do altar foram feitos de bronze (Ex 27,2-4; Nm 17,4). Um objeto singular foi feito de bronze: A serpente abrasadora, para findar a mortandade causada pelas murmurações dos filhos de Israel (Nm 21,29). Para o templo de Jerusalém, Salomão fez um grande reservatório para conter a água lustral, denominado de "mar de bronze" (1Rs 7,23-26), que, junto a outros objetos, foi destruído pelos babilônios em 587/6 aC (2Rs 25,13-17).

Já o ferro, mais dúctil que o bronze, foi introduzido na Palestina pelos filisteus e lhes deu grandes vantagens bélicas sobre os filhos de Israel (1Sm 13,19). Com o ferro produziram carros, lanças, espadas, grilhões, correntes etc. Devido às fortes mudanças que a época de ferro desencadeou, dele até foi feito uso metafórico, indicando a força

---

[34] Gn 4,22 afirma que o filho de Sela, Tubalcaim, foi o pioneiro dos laminadores de cobre e ferro.

da opressão vivida no Egito (Dt 4,20; 1Rs 8,51; Jr 11,4), aludindo a algo insuportável (Dt 28,23), a escravidão pelo jugo de ferro (Dt 28,48; Jr 28,14), e também foi usado como símbolo de obstinação (Is 48,4).

Enfim, Josué afirma que tudo o que for encontrado em prata, ouro, bronze e ferro "será santificado ao SENHOR". Além de símbolo de pertença, significava que deveria passar por uma espécie de ritual de purificação. A pertença exclusiva ao SENHOR, por certo, serviu para evitar a ganância entre os filhos de Israel, pois a investida contra Jericó foi a sua primeira ação na empreitada da conquista de Canaã.

O controle sobre esse ímpeto manteria um justo equilíbrio no meio do povo. Dado singular fica por conta da destinação: "entrará no tesouro do SENHOR" (v. 19 e se repete no v. 24). A referência indica a existência ou a criação de um local específico para que tais objetos fossem devidamente guardados. Algo que surpreende, pois, nas duas ocorrências anteriores, o tesouro não tem essa conotação (Dt 28,12; 32,34). Mas com Salomão os tesouros serão colocados na casa do SENHOR (1Rs 7,51). Nesse sentido, Js 6,19.24 serve de prolepse e já indica que, com a entrada e a tomada de posse de Canaã, tudo se direciona para o SENHOR, que, na verdade, é o grande conquistador.

Os vv. 20-21 atestam o ápice esperado ao longo dos sete dias e das sete voltas que foram dadas em torno da cidade de Jericó no sétimo dia. Nota-se, de imediato, a ausência da referência explícita aos sacerdotes, ainda que, pela narrativa, se saiba que sete deles foram encarregados de soar o chifre de carneiro ao longo desse tempo, seguindo as instruções de Josué. Tal ausência é evidenciada pelo destaque dado ao substantivo "povo", que ocupa o centro do v. 20, pois é citado quatro vezes.[35] Seu sentido coletivo é sinônimo de todos os filhos de Israel que estão debaixo do comando de Josué.

Contudo, era de esperar que, no lugar de povo, estivesse a alusão aos "sacerdotes", ao menos como sujeito antes da ação: "tocaram com os chifres" (v. 20b). A lógica interna do texto, sobre o povo, enfatiza a ação do grito e o silêncio exigido até o momento que foi determinado (v. 5b.10.16c). O que vem a seguir corresponde, exatamente, ao plano do SENHOR (vv. 2b-5) e às instruções que Josué transmitiu (vv. 6-10). E assim foi feito (vv. 11-16). A sequência, portanto, foi respeitada. (1º) Ação: "Quando o povo ouviu o som do chifre"; (2º) Reação: "o povo gritou um grande grito"; (3º) Tripla consequência: (a) "e a muralha caiu sobre ela"; (b) "e o povo subiu à cidade, cada um à sua frente"; (c) "e tomaram a cidade".

No tocante ao v. 21, dois pontos precisam ser esclarecidos. A ordem do anátema não partiu do SENHOR, pois ela não se encontra nas estratégias da conquista da cidade (vv. 2b-5), mas surgiu na ordem de Josué, que, em momento algum, atribuiu o anátema a uma ordem recebida do SENHOR (v. 17). Não me parece, então, sensato deduzir o anátema das palavras de abertura do SENHOR a Josué: "Vê, na tua mão entreguei Jericó, seu rei e os vigorosos de seu exército" (v. 2b). Além disso, o anátema aplicado, "ao fio da espada", diz respeito aos seres humanos, citados segundo uma ordem social binária de acordo com gênero (homem-mulher) e idade

---

[35] Faz sentido a seguinte distinção: "Em Js 3–4 e 6, por exemplo, no relato da passagem do rio Jordão e da queda de Jericó, *hā'ām* significa 'a laicidade' à qual se prescrevem lugares e papéis peculiares na linha da marcha, diferenciados daqueles dos 'sacerdotes'" (GOTTWALD, 1986, p. 252).

(jovem-ancião), e aos animais, citados segundo um grau de importância dos bens que pertencem ao próximo, na mesma ordem que aparece em Dt 22,1-4: boi, ovelha e asno.[36]

É significativo que o modo de execução, "ao fio da espada", ocorra cinco vezes antes de Js 6,21. Na primeira, Simeão e Levi mataram à espada todos os varões de Siquém, devido à desonra que foi feita a sua irmã Dina (Gn 34,26). Na segunda, Josué venceu os amalecitas a fio de espada (Ex 17,13). Na terceira, os filhos de Israel conseguiram tomar a Transjordânia e venceram Seon, passando, ao fio da espada, todos os amonitas (Nm 21,24). Na quarta, Moisés orienta os filhos de Israel a fazer justiça, passando a fio da espada os idólatras do povo (Dt 13,36). Enfim, nas orientações sobre como proceder em caso de guerra com uma cidade, caso não haja acordo, os varões são os que deveriam ser passados a fio de espada. Já mulheres, crianças, animais e tudo o que houvesse na cidade seriam tomados como despojos (Dt 20,13).

Portanto, em Js 6,20-21 não houve batalha corpo a corpo, como em Ex 17,13 nem proposta de paz,[37] como em Nm 21,24; as ordens contidas em Dt 20,13 não foram

---

[36] "A preocupação com os animais alheios, presente em Ex 23,4-5, diz respeito ao inimigo e não ao próximo. O deuteronomista apela para a necessidade do próximo e vai além de qualquer forma de rivalidade... Ao estender a responsabilidade para os pertences do próximo, reforça-se a exigência do último mandamento (Ex 20,17; Dt 5,21)" (FERNANDES, 2021, nota da p. 423 sobre Dt 22,1-11).

[37] A fala do copeiro-mor em 2Rs 18,19-35 é um claro exemplo de poderio bélico da parte de Senaquerib, rei dos assírios, mas, também, de proposta de paz, a fim de que a guerra e a morte fossem evitadas. Contudo, tanto em Js 6 como em 2Rs 19,35 encontra-se a superioridade do SENHOR em relação a quem se julga superior ou detentor de poder. Por isso, não há acordos.

seguidas nem foi um caso de violência sexual, como em Gn 34,26, ou de idolatria, como em Dt 13,36. Então, a questão da ordem e da execução do anátema em Js 6,17.21 não possui justificativa.

Tal anátema poderia ser compreendido como algo "não ocorrido", endossando o parecer da arqueologia,[38] pois Jericó já estaria em ruínas, permitindo que o anátema seja interpretado como um recurso literário com base, em parte, nos textos precedentes. Esse parecer encontra sentido na próxima seção, pois o artifício aplicado a Jericó não está condizente, visto que não se fez uso da espada. A destruição está muito mais próxima de um ato litúrgico-sacrifical.

e) O cumprimento da palavra dada pelos espiões a Raab (Js 6,22-25)

Entre o v. 21 e o 22, nota-se o anacronismo. O alerta sobre a preservação de Raab, de sua família e de seus bens deveria ter sido dado antes da queda dos muros, visto que somente os dois espiões sabiam quem ela era e qual sinal havia sido combinado. Assim, os vv. 22-23 refletem o binômio: ordem-cumprimento. Os espiões, ao que parece, foram além da ordem de Josué, pois segue um novo binômio: da casa de Raab ao lugar fora do acampamento.

O narrador retoma a palavra para introduzir uma nova fala de Josué. A primeira ação, dentro da cidade de Jericó, tem a ver com o pacto entre os espiões e a prostituta Raab. Aqui, porém, cabe uma digressão. Se a muralha caiu por terra (v. 20c), como se justificaria o fato de a casa de Raab ter permanecido de pé, já que, segundo Js 2,15, sua casa

---

[38] Para um resumo sobre a arqueologia empreendida sobre o Tell es-Sultan, veja-se CROCETTI, 1985, p. 56-58.

estava edificada junto à muralha?[39] Então, nem tudo ruiu como narrado. Tal feito lembra Sl 91,7-8: "Caiam mil ao teu lado e dez mil à tua direita, nada te acontecerá. Teus olhos só contemplarão e verão a retribuição dos malvados".

Nota-se uma progressão. Josué se dirigiu "aos dois homens que espiaram" (v. 22a), mas o v. 23 afirma: "os jovens que espiaram". A referência está adequada à ordem dada por Josué em Js 2,1. Nada impede de pensar que se trate dos mesmos espiões. Quem fez o trato com Raab reaparece para cumpri-lo devidamente. Some-se a isso, porém, uma falha na narrativa, pois não se fez menção ao sinal combinado: "o fio escarlate preso à janela" (Js 2,18.21).

Josué, em sua ordem aos dois espiões, não mencionou Raab pelo nome, mas o binômio verbal "entrai na casa da mulher prostituta" e "fazei-a sair de lá" evoca não apenas o ato do pacto como também a intenção salvífica, e lembraria o que aconteceu com os filhos de Israel, pois o SENHOR, por Moisés e Aarão, entrou no Egito e fez seu povo sair da casa da opressão com todos os seus bens. Em ambos os casos, o juramento aparece e foi devidamente mantido.

A menção de que Raab, seus familiares e seus bens ficaram fora do acampamento tem a ver com a pureza legal. A sacralidade do anátema foi mantida também em função do local para onde foram levados os resgatados da destruição, pelo juramento que havia sido feito. Ficar fora do acampamento significava, ao mesmo tempo, não levar para lá alguma contaminação e que estranhos não seriam aniquilados por sua dimensão sagrada.

---

[39] Segundo a lógica descritiva do texto, após a saída de Raab, de seus familiares e de seus bens, a sua casa sofreu a mesma sorte de toda a cidade, como mencionado no v. 24 (HERTZBERG, 2001, p. 65).

Ante o desfecho terrível aplicado à cidade de Jericó, preservando somente o despojo a ser dedicado ao Senhor, o narrador retoma a centralidade sobre a "prostituta Raab, a casa de seu pai e tudo o que havia para ela" (v. 25a), a fim de atribuir em Josué a decisão final: "deixou viver e habitou no meio de Israel até este dia" (v. 25b). Tal informação permite pensar que Raab, sua família e seus bens passaram do lado de fora do acampamento para o lado de dentro.

Nesse sentido, Js 6, concretizando Js 2 no que diz respeito a Raab, poderia ser entendido como uma narrativa etiológica, a fim de explicar a origem do ingresso do "clã" de Raab na história dos filhos de Israel.[40]

A referência "até este dia" é uma alusão temporal que se adapta muito mais à época da redação do que ao fato em si mesmo. O motivo é mais do que suficiente e retoma o que fora dito no final do v. 17: "porque escondeu os mensageiros que Josué enviou para espiar Jericó". Pode-se ver nesse gesto de Raab uma concretização da bênção que o Senhor impetrou sobre Abrão: "Abençoarei os que te abençoarem, mas amaldiçoarei quem te amaldiçoar" (Gn 12,3). Raab é símbolo de astúcia e aparece como abençoada, porque soube discernir e interpretar a situação, razão pela qual tomou a sábia decisão de proteger os espiões, a fim de evitar a sua eliminação e a de sua família.[41] Assim, abrigou-se sob as asas do Senhor (Sl 91,4).

Cabe ainda uma palavra sobre o local aludido da última ação: "... no tesouro da casa do Senhor". A ordem dada por

---

[40] DALLA VECCHIA, 2010, p. 55.

[41] Pode-se contrapor Raab a Dalila. Enquanto a primeira reconheceu a grandeza de Israel, pela presença e ação do Senhor, a segunda, preferindo as altas recompensas em prata, traiu o amor de Sansão por ela (Jz 16,4-5).

Josué foi cumprida, mas há uma sutil diferença entre o v. 19, que só menciona o "tesouro do SENHOR", e o v. 25, que amplia a informação ao dizer: "tesouro da casa do SENHOR". No tempo da narrativa, a locução "casa do SENHOR" é um anacronismo, como em Js 9,23.

Então, do ponto de vista do tempo da narrativa, pode ser considerada uma prolepse, mas, do ponto de vista do narrador, uma constatação da existência do local onde ficava o tesouro do SENHOR: o templo de Jerusalém. Uma possível solução do impasse seria considerar a tenda-santuário do SENHOR como sendo a sua "casa" (Ex 25,1–40,38).[42]

f) O juramento imprecatório de Josué sobre Jericó (Js 6,26-27)

A alusão temporal "naquele tempo" pode corresponder a "naquele momento". Josué, pela narrativa, tendo diante de si a cidade de Jericó totalmente destruída por ordem do SENHOR, pronunciou um juramento imprecatório não sobre a cidade de Jericó, em si, mas sobre quem se atrevesse a reconstruí-la.[43]

---

[42] É uma solução, na verdade, entre aspas e de índole narrativa, pois a descrição da ereção da tenda-santuário no tempo do deserto é uma possível retrospecção em relação ao templo de Jerusalém, que foi elaborada pela corrente sacerdotal durante a época do exílio em Babilônia (PRIOTTO, 2014, p. 524-528). Para uma discussão pormenorizada sobre Ex 25–31; 35–40, respectivamente, uma ordem e a sua execução, veja-se HOUTMAN, 2000, p. 306-335).

[43] Segundo Js 6,1.17; 18,12, Jericó estaria situada na fronteira entre o território que coube a José e Benjamin; inclusive, pela óptica de Js 18,21, estaria entre as cidades de Benjamin, visto que o rio Jordão servia de fronteira. Nos tempos do rei Davi, a cidade de Jericó é mencionada e nela era possível se refugiar. Antes da sua ascensão, o profeta Elias afirmou a Eliseu que o SENHOR

Percebe-se que, por causa da origem do anátema, a divindade é chamada em causa: "diante do SENHOR". Esta locução, por um lado, evocaria o local em que a maldição foi pronunciada: talvez diante da "tenda-santuário" ou da "Arca da Aliança do SENHOR"; porém, por outro lado, poderia ser uma súplica pelo consentimento da imprecação.

A esfera do sagrado, então, encontra-se presente e enfatizada tanto pela maldição pronunciada como pela presença do SENHOR. Se um animal oferecido em sacrifício não pode ser refeito depois de ter sido consumido pelo fogo, de igual modo, pelo anátema, Jericó foi consagrada ao SENHOR e, por isso, não poderia ser reconstruída.

A maldição de Josué, então, soa, em parte, como concretização de Dt 13,17 e, em parte, como profecia. Por isso, 1Rs 16,34 afirma que Jericó foi reconstruída por Hiel de Betel, e, cumprindo o peso da maldição de Josué, está dito que Abiram, pelo preço do seu primogênito, lançou os fundamentos e, pelo preço do seu último filho, colocou as portas da cidade.[44]

Se a queda de Jericó foi um feito do SENHOR, que a votou ao anátema, somente por sua explícita concessão poderia ser novamente reerguida. Vida e morte pertencem ao SENHOR, e não ao ser humano. Por isso, fica claro que Josué não dá ordens em seu nome, mas as recebe do SENHOR, as transmite e, principalmente, as executa com fidelidade.

---

o enviava a Jericó. Enfim, 1Mc 9,50 atribui a Báquides a reconstrução das fortificações de Jericó, e Ptolomeu, na localidade, assassinou Simeão (1Mc 16,11-24). Não há evidências de que a cidade de Jericó, dos tempos de Jesus, estivesse reconstruída sobre as ruínas da Jericó dos tempos de Josué (Mt 20,29-34; Mc 10,46-52; Lc 18,35-45; 19,1-10).

[44] A maldição, ligada à perda da descendência, ocorre com frequência na BH (1Sm 2,33; 15,33; 2Sm 12,15b-23; 1Rs 14,10; 21,21; Jr 18,21; Ml 2,12).

O ouvinte-leitor atual se espanta. Não bastasse o que foi feito a Jericó, a maldição foi pronunciada ainda sob juramento. Pela lógica da narrativa, o que foi feito a Jericó se tornou um paradigma para todos os feitos que hão de ocorrer na conquista da terra de Canaã.

Contudo, levando-se em conta três citações: (a) Js 18,21 cita Jericó entre as cidades que pertencem à tribo de Benjamim; (b) Jz 3,13 afirma que Eglon, em coalizão bélica com os filhos de Amon e Amalec, venceu Israel e se apossou da "cidade das Palmeiras", isto é, de Jericó; (c) 2Sm 10,5 traz uma recomendação de Davi aos seus servos humilhados por Hanon, para que fiquem em Jericó por um tempo; parece que a maldição pronunciada sobre Jericó não dizia respeito, necessariamente, à sua reconstrução, mas à sua fortificação.[45]

Seja como for, as palavras pronunciadas por Josué indicam a sua posição de líder, mas só o SENHOR poderia ser o artífice do seu conteúdo. Como as fortificações de Jericó foram destruídas, segundo as estratégias dadas pelo SENHOR, seguindo um ritual semanal, a tentativa de reconstrução também teria um preço sacrificial. No fundo, porém, segundo a narrativa e a sua intenção teológica, somente pela anuência do SENHOR algo pode se realizar.

g) *A certeza de que o Senhor agiu por ele (Js 6,27)*

Js 5,13 contém uma pergunta de Josué ao homem com a espada desembainhada: "Acaso tu és dos nossos ou de nossos inimigos?". Em outras palavras: estás do nosso lado ou contra nós? Pela resposta (v. 14), Josué soube que estava

---

[45] Prevalece a visão de que Js 6 é uma ficção literária, e não uma realidade histórica (SICRE, 2002, p. 189-190).

diante de um representante do SENHOR, razão pela qual se prostrou e executou as ordens que recebera (v. 15).

Não à toa, o narrador, em tom de nota final e com breves palavras, acentua, em primeiro lugar, o que mais importa a um líder dos filhos de Israel: a presença do SENHOR, com seu escolhido ("estou contigo"). É o cumprimento do que o próprio SENHOR havia assegurado a Josué no início do livro (Js 1,5.9), e, ao mesmo tempo, o esperado pelos liderados (Js 1,17).

Dado singular do v. 27 encontra-se no fato de não haver nenhuma referência a Moisés, o predecessor de Josué. Isso atesta que a figura de Josué está sendo engrandecida. De fato, no final do livro, ele recebe a mesma designação de Moisés: "servo do SENHOR" (Js 24,29).

Já a segunda notícia, sobre a difusão da fama de Josué por toda a terra (região), aponta para o prosseguimento das demais conquistas que se sucederão sob sua liderança. Também aqui se nota um dado singular: ao invés de exaltar a glória do SENHOR, atribuiu-se a Josué fama, pois, em razão da sua obediência incondicional, não há dicotomias entre a vontade do SENHOR e a execução dela por parte de Josué. Eis a bênção como obediência incondicional!

CONSIDERAÇÕES FINAIS

Um elemento singular no primeiro enfrentamento dos filhos de Israel contra a cidade de Jericó, sob a liderança de Josué, indica uma disputa entre desiguais: são nômades *versus* sedentários urbanizados. Contudo, a Arca da Aliança, sinal da presença do SENHOR no meio do seu povo, é um elemento essencial, visto que os filhos de Israel experimentaram seu poder em diversas ocasiões, mas, principalmente, na travessia do rio Jordão (Js 3,1-18).

Esse grupo de nômades, porém, tem marcas características: nasceu e foi contado no deserto (Nm 26), foi instruído por Moisés e renovou a Aliança com o SENHOR nas estepes de Moab (Dt 28,69–30,20). Por isso, na vitória sobre a cidade de Jericó, primeiro obstáculo que foi superado na conquista da terra de Canaã, o principal protagonista é, sem dúvida, o SENHOR, que a destrói no *shabbat*, e a obediência à sua vontade é mais importante do que todas as habilidades militares.

A conquista de Jericó, ampliada pelas informações de suas muralhas e ferrolhos de seus portões, adquire grande valor simbólico, enriquecido pelas estratégias do cerco em chave litúrgica e pela total destruição pelo anátema. Assim, a aniquilação do inimigo torna-se sinônimo da eliminação de toda forma de culto prejudicial à exigência da obediência ao SENHOR, único Deus (Dt 6,4). Js 6,18 serve de exemplo e oferece a chave de leitura sob essa ótica.

O *ḥērem* aplicado à cidade de Jericó contrasta com o que foi preservado para o tesouro do SENHOR, e com a salvação de Raab, de sua família e de seus bens. Esse contraste é importante e serve de antecipação para o fim que sobrevirá a Acã, a sua família e a seus bens (Js 7,1.16-20). É notável a relação oposta entre o que foi feito a Raab e o que foi feito a Acã. Ao lado disso, enquanto sobre Acã, sua família e seus bens se levanta um "grande monte de pedras", Jericó fora reduzida a um monte de pedras com a queda de suas muralhas.[46]

---

[46] A natureza dos relatos, ainda que sob ação redacional, evidencia a intenção de interligá-los do início ao fim, bem como a lógica da bênção e da maldição sendo aplicadas em sentido concreto (MITCHELL, 1994, p. 166).

Por detrás da lógica da conquista de Jericó, o ouvinte-leitor é desafiado a experimentar e a provar a sua fé diante do que parece uma narrativa de tipo histórica e um deslumbrante ato cultual. Em ambos os casos, porém, há um ponto comum: enfrentar e vencer um obstáculo que servirá de base e de comprovação do cumprimento das antigas promessas patriarcais.

Se, por um lado, a narrativa da conquista, que começou com o reconhecimento do local (Js 2), tendo Raab como grande protagonista, não prosseguiu como conquista bélica, por outro lado, o salvamento de Raab, de seus familiares e de seus bens não falseia a conquista, mas aponta para o que se espera de um ato litúrgico: a exaltação do SENHOR ante a soberba de quem se opõe, o rei de Jericó e seu povo, ao lado da libertação de Raab, que reconheceu, no seu presente histórico, à luz do passado e dos feitos maravilhosos, que o futuro depende da fidelidade do SENHOR ao seu povo, às suas promessas e à honra do seu santo nome.

Portanto, do início ao fim do livro de Josué, o foco, sobre o livro da Torá, demonstra que a entrada, a conquista e a repartição da terra de Canaã dependem não das habilidades bélicas do povo sob a liderança de Josué, mas da sua singular observância e obediência ao SENHOR e à sua vontade contidas nesse livro (Js 1,6-9; 23,15-16).[47]

Sob essas perspectivas, o ouvinte-leitor, de qualquer época ou local, pode encontrar, nos detalhes de Js 2 e 6, um símbolo para sua vida de fé, continuamente desafiada

---

[47] "Josué se assemelha mais a um rabino ou a um doutor da lei que a um grande conquistador, um *campeador*. O verdadeiro ideal de Israel é um estudioso e um escrupuloso observante da lei. Antes, as conquistas e as grandes realizações de Josué devem-se não ao seu gênio militar e ao talento de organizador, mas à sua fidelidade à lei de Moisés" (SKA, 2015, p. 71).

pelo que de bom e de mau é capaz de fazer. É o duelo da vida! Que a perspicaz astúcia de Raab nos sirva de lição. Ela representa a voz interior da nossa consciência que sabe, perfeitamente, que os muros da divisão e da prepotência nunca vencerão a bondade do Senhor.

Que caiam todos os nossos muros ao som da Palavra de Deus perscrutada pessoalmente, a exemplo de Josué, ou proclamada e pregada nas ações litúrgicas pela sua representação nas trombetas soadas pelos sete sacerdotes. É dessa forma que a sincera piedade e a devoção, na batalha da fé e com a força do Senhor, permitem experimentar a destruição de tudo o que separa, divide e segrega o ser humano em um mundo socioeclesial aferrolhado em si mesmo.

POSFÁCIO

Quando o pequeno Samuel, com nove anos de idade, chegou da *yeshivá* (a escola sinagogal), seu avô Mordechai perguntou: "E aí, meu neto, o que o rabino ensinou hoje?". "Ele explicou a conquista de Jericó", respondeu Samuel. Mordechai, interessadíssimo, quis saber: "E o que ele contou?". Após sentar-se ao lado do avô, Samuel começou: "Foi assim: os hebreus ficaram acampados do outro lado do rio Jordão, enquanto faziam preparativos para a invasão de Canaã". O avô não poupou um comentário: "Sim, três dias para a campanha vitoriosa! E depois?". Samuel então contou em detalhes: "Josué mandou que drones equipados com emissores ultravioleta voassem durante a noite para tirar fotos detalhadas das muralhas e das defesas de Jericó. Enquanto isso, os tanques e a infantaria de Israel se posicionavam ao redor da cidade. Imagens de satélite permitiram a Josué saber de antemão onde estavam os exércitos do inimigo. Em Jericó havia alguns aliados de Israel, que se haviam inscrito em um formulário disponível na *Internet*. Via *WhatsApp*, Josué enviou instruções detalhadas para onde eles deveriam correr e ficar protegidos durante a invasão. Quando raiou o dia, os caças-bombardeiros de Israel começaram o ataque, com mísseis teleguiados com precisão máxima que destruíram todas as defesas de Jericó. À medida que as muralhas caíam, os fuzileiros de Israel disparavam com metralhadoras contra todos os que tentavam fugir. Foi uma guerra-relâmpago e a vitória foi arrasadora, porque o SENHOR concedeu a Josué a inteligência, a tecnologia e as armas para derrotar os cananeus". Muito desconfiado, Mordechai questionou: "Mas, Samuel, foi assim mesmo que o rabino contou?". Sem se perturbar com a pergunta do avô, Samuel respondeu: "Olha, vovô, não foi bem assim. Mas se eu contar do jeito que o rabino contou, nem o senhor vai acreditar!".

A versão da conquista de Jericó contada por Samuel a Mordechai não é apenas uma atualização *high-tech* de um episódio bélico do mundo antigo; é também uma descrição baseada nos noticiários cotidianos do período em que este livro foi escrito: a invasão militar da Ucrânia pela Rússia, em março de 2022. Embora mais plausível do que a missão de dois espiões atrapalhados (Josué 2) e menos fantasiosa do que a queda de muralhas provocada por uma procissão religiosa (Josué 6), a versão de Samuel é igualmente cruel e sanguinária. A invasão é favorecida por pessoas que traem seus concidadãos e colocam os próprios interesses acima dos interesses da comunidade. Tudo se justifica, porém, porque traição e violência são praticadas em nome da divindade dos que vencem a guerra, conquistam o território e impõem a sua religião.

Quem costuma ler os relatos bíblicos em uma perspectiva poética e devocional não consegue notar a equivalência das atitudes e dos fatos com o que acontece hoje: intrigas, falta de compromisso com a sociedade, falta de condescendência, derramamento de sangue, acúmulo de cadáveres e multiplicação da dor. Quem lê os episódios de Josué 2 e 6 é convidado a focar no interesse teológico e catequético do narrador: o SENHOR garante aos seus fiéis a vitória sobre todos os inimigos, por mais poderosos que eles sejam.

As escavações arqueológicas de *Tell es-Sultan*, isto é, o sítio arqueológico da Jericó do Antigo Testamento, revelam que no período correspondente à chegada dos hebreus em Canaã (entre o final do século XIII e as primeiras décadas do século XII aC), Jericó era apenas um monte de ruínas: um lugar desabitado, com restos de construções derribadas. Pode ser que o narrador, querendo impressionar seus filhos e netos, tenha optado por um relato grandioso de uma miraculosa intervenção divina: "Em resposta à nossa manifestação de fé, o Senhor derrubou as muralhas diante de nós". Sem dúvida, bem mais empolgante (e menos vergonhoso) do que contar: "Entramos apavorados na terra, com um medo enorme dos habitantes de Jericó. Mas, quando chegamos lá, não encontramos ninguém, porque o Senhor, apesar da nossa desconfiança nas suas promessas, foi à nossa frente derrotando o inimigo!".

Nas últimas décadas, entre os católicos, tornou-se bastante popular um tipo de celebração conhecida como "Cerco de Jericó". Trata-se de uma semana intensa de ritos religiosos: o jejum, a confissão dos pecados, a oração pessoal e comunitária, a celebração eucarística e, principalmente, a procissão do Santíssimo Sacramento no meio da assembleia. No seu conjunto e particularmente, este último rito é uma encenação da procissão da Arca da Aliança nos sete dias que culminaram com a tomada de Jericó pelos hebreus, liderados por Josué.

Segundo o site www.rccbrasil.org.br, o "Cerco de Jericó" iniciou-se na Polônia, como uma semana preparatória à primeira visita do Papa João Paulo II à sua terra natal, por ocasião dos 91 anos do martírio de Santo Estanislau, Bispo de Cracóvia. Em uma Polônia ainda sob o regime comunista, aquela semana adquiriu o significado de oração incessante para que o "muro do comunismo" caísse e libertasse o povo polonês. Não obstante o claro viés político e social de suas origens, à medida que se espalhou por países e continentes, o Cerco de Jericó foi redimensionado: trata-se uma batalha espiritual para reacender o fervor e insuflar a certeza de que tudo aquilo que ameaça e destrói a vida, a esperança e a felicidade de quem dele participa será aniquilado. Nisso, portanto, há uma inversão em relação ao relato bíblico: no episódio relatado no livro de Josué, as muralhas foram derrubadas para os invasores entrarem; no Cerco de Jericó, elas são (espiritualmente) derrubadas para os fiéis saírem. Em outras palavras, no relato bíblico, quem está dentro são os cananeus: a muralha protege os que dentro dela se abrigam. Diferentemente, no Cerco de Jericó, quem está "dentro" são os fiéis: a "muralha" é símbolo das causas de tristeza e angústia. A consciência dessa inversão (provocada pela espiritualização) em relação ao relato bíblico leva à necessidade de repensar e redimensionar as celebrações do Cerco de Jericó.

Este pequeno livro apresenta uma análise séria e fundamentada de dois relatos bíblicos interligados. Ao mesmo tempo, é uma exposição acessível, direcionada a quem não se contenta com uma leitura ingênua e imatura do texto bíblico. Conhecer mais e melhor os episódios narrados no livro de Josué deve levar a uma nova prática religiosa, para que a semana do Cerco de Jericó não seja apenas um novo impulso para aqueles que se veem enfrentando forças adversas (espirituais ou demoníacas). Ao contrário, que se tornem um momento de renovar o vigor pessoal e comunitário para lutar contra a injustiça, a desigualdade, o preconceito, a exclusão, a intolerância, a truculência e o revanchismo que caracterizam a cidade pagã.

Como em Josué 2, trata-se de escolher se nossas opções e nossos esforços serão para manter e perpetuar a sociedade idolátrica da violência e da morte ou para construir e defender o Reino da verdade, da vida e da paz.

Cássio Murilo Dias da Silva, PUCRS

REFERÊNCIAS BIBLIOGRÁFICAS

ALBERTZ, Rainer. *Historia de la religión de Israel en tiempos del Antiguo Testamento* (2. Desde el exilio hasta la época de los Macabeos). Madrid: Editorial Trotta, 1999.

ALONSO SCHÖKEL, Luis. *Biblia del Peregrino*. Estella: Verbo Divino, 1998. Tomo I.

ANDRADE, Carlos A. de. *A rûaḥ YHWH*: análise exegética de Nm 11,24-30. Dissertação de Mestrado. Rio de Janeiro: PUC-Rio, 2020.

BEN-TOR, Amnon. *La arqueología del Antiguo Israel*. Madrid: Ediciones Cristiandad, 2004.

BERLIN, Adele. *Poetics and Interpretation of Biblical Narrative*. Winona Lake: Eisenbrauns, 1994. vol. 9.

BIDDLE, Mark E.; JACKSON, Melissa A. Rahab and her visitors: Reciprocal Deliverance. *Word e World*, vol. 37, n. 3, p. 226-233, jul./set. 2017.

BREKELMANS, Chris. חֵרֶם *ḥērem* Anatema, exterminio. In: JENNI, Ernst; WESTERMANN, Claus (ed.). *Diccionario Teológico*: Manual del Antiguo Testamento. Madrid: Ediciones Cristiandad, 1978. p. 879-884. Tomo I.

CHARLES, Ronald. Rahab: a Righteous Whore in James. *Neotestamentica*, vol. 45, n. 2, p. 207-220, 2011.

CHATMAN, Seymour B. Story: Events. In: CHATMAN, S. B. *Story and Discourse*: Narrative Structure in Fiction and Film. Cornell: University Press, 1978. p. 43-98.

COCCO, Francesco. *Giosuè e Giudice*. Padova: EMP, 2010.
COMISSÃO EPISCOPAL PASTORAL PARA A ANIMAÇÃO BÍBLICO-CATEQUÉTICA. *Critérios e itinerários para a instituição do Ministério de Catequista*. Brasília: Edições CNBB, 2021.
CONCÍLIO DO VATICANO II. Constituição Dogmática *Dei Verbum* (18 nov. 1965). In: *Acta Apostolicae Sedis* 58 [1966] 817-836.
CROCETTI, Giuseppe. *Josué, Juízes, Rute*. São Paulo: Paulinas, 1985.
DALLA VECCHIA, Flavio. *Giosuè*: introduzione, traduzione e commento. Cinisello Balsamo/Milano: San Paolo, 2010.
DIAS, Elizangela Chaves. Modelli di ospitalità e theoxenia nella bibbia. *Perspectiva Teológica*, vol. 51, n. 2, p. 207-221, maio/ago. 2019.
DOZEMAN, Thomas B. *Joshua 1–12*: a New Translation with Introduction and Commentary. New Haven/London: Yale University Press, 2015.
ELLIGER, Karl; RUDOLPH, Wilhelm (Ed.). *Biblia Hebraica Stuttgartensia*. Editio quinta emendata (opera A. Schenker). Stuttgart: Deutsche Bibelgesellschaft, 1977.
ELS, P. J. J. S. # 2740 חלץ. In: VAN GEMEREN, Willem A. *Novo Dicionário Internacional de Teologia e Exegese do Antigo Testamento*. São Paulo: Cultura Cristã, 2011. vol. 2, p. 154-155.
FARBER, Zev. *Images of Joshua in the Bible and Their Reception*. Berlin: De Gruyter, 2016.
FERNANDES, Leonardo A. Deuteronômio. In: *A Bíblia – Pentateuco*. São Paulo, Paulinas, 2021. p. 379-452.
FERNANDES, Leonardo A. Ezequiel como sentinela e suas implicações sociorreligiosas. *Revista Caminhando*, vol. 26, p. 1-12, jan./dez. 2021.
FERNANDES, Leonardo A. *Jonas*. São Paulo: Paulinas, 2010.

FERNANDES, Leonardo A. *O anúncio do Dia do Senhor*: significado profético e sentido teológico de Jl 2,1-11. São Paulo: Paulinas, 2014.

FERNANDES, Leonardo A. Aproximação narrativa a Ex 3,1-6. *Revista Caminhando*, vol. 24, n. 2, p. 57-72, jul./dez. 2019.

FERNANDES, Leonardo A. Ecumenismo e diálogo inter-religioso em perspectiva bíblica. *Revista de Cultura Teológica*, ano XXV, n. 90, p. 11-142, jul./dez. 2017.

FERNANDES, Leonardo A.; GRENZER, Matthias. *Êxodo 15,22–18,27*. São Paulo: Paulinas, 2011.

FINKELSTEIN, Israel; SILBERMAN, N. Asher. *Le trace di Mosé*: la Bibbia tra storia e mito. Roma: Carocci, 2002.

FRANKE, John R. (Org.). *La Bibbia Commentata dai Padri*: Antico Testamento 3 – Giosuè, Giudici, Rut, 1-2Samuele (edizione italiana a cura di Chiara Spuntarelli). Roma: Città Nuova, 2007.

GANCHO, Cândida V. *Como analisar narrativas*. São Paulo: Ática, 2006⁹.

GIBERT Pierre. *Como a Bíblia foi escrita*: introdução ao Antigo e ao Novo Testamento. São Paulo: Paulinas, 1999.

GORDON, Robert P.; BAER, David, A. # 2874 חסד. In: VAN GEMEREN, Willem A. *Novo Dicionário Internacional de Teologia e Exegese do Antigo Testamento*. São Paulo: Cultura Cristã, 2011. vol. 2, p. 209-216.

GOTTWALD, Norman K. *As Tribos de Iahweh*: uma sociologia da religião de Israel liberto – 1250-1050 a.C. São Paulo: Paulinas, 1986.

GROSS, Fernando. *O coração do faraó no livro do Êxodo e na tradição judaica*. Dissertação de mestrado. São Paulo: PUCSP, 2017.

HALL, Gary H. # 2388 זנה. In: VAN GEMEREN, Willem A. *Novo Dicionário Internacional de Teologia e Exegese do Antigo Testamento*. São Paulo: Editora Cultura Cristã, 2011. vol. 1, p. 1.095-1.098.

HARRIS, R. Laird. Hesed. In: HARRIS, R. LAIRD; ARCHER, Gleason L. JR.; WALTKE, Bruce K. *Dicionário Internacional de Teologia do Antigo Testamento*. São Paulo: Vida Nova, 1998. p. 500-503.

HARTLEY, John E. (יָשַׁע – *yāsha'*. In: HARRIS, R. LAIRD; ARCHER, Gleason L. JR.; WALTKE, Bruce K. *Dicionário Internacional de Teologia do Antigo Testamento*. São Paulo: Vida Nova, 1998. p. 680-682.

HAWK, L. D. Josué. In: ALEXANDER T. Desmond; BAKER, David W. *Diccionario del Antiguo Testamento – Pentateuco*. Espanha: Editorial Clie, 2012. p. 496-498.

HERTZBERG, Hans Wilhelm. *Giosuè, Giudici, Rut*. Brescia: Paideia, 2001.

HOUTMAN, Cornelis. *Exodus*. Leuven: Peeters, 2000. vol. 3.

KESSLER, Rainer. *História Social do Antigo Israel*. São Paulo: Paulinas 2009.

KRAUSE, Joachim J. Aesthetics of production and Aesthetics of Reception in Analyzing intertextuality: illustrated with Joshua 2. *Biblical*, vol. 96, n. 3, p. 416-427, 2015.

LEWIS, Jack P. *yāda'*. In: HARRIS, R. LAIRD; ARCHER, Gleason L. JR.; WALTKE, Bruce K. *Dicionário Internacional de Teologia do Antigo Testamento*. São Paulo: Vida Nova, 1998. p. 597-600.

LIVERANI, Mario. *Antico Oriente*: storia – società – economia. Roma/Bari: Editori Laterza, 2011.

LIVERANI, Mario. *Oltre la Bibbia*: storia antica di Israele. Roma/Bari: Editori Laterza, 2003.

LOHFINK, Norbert. Eroberung oder Heimkehr? Zum heutigen Umgang mit dem Buch Josua. In: LOHFINK, Norbert. *Im Schatten deiner Flügel*: Grosse Bibeltexte neu erschlossen. Freiburg: Herder, 1999.

LOPASSO, Vincenzo. *Geremia*: introduzione, traduzione e commento. Cinisello Balsamo: San Paolo, 2013.

LUNN, Nicholas P. The Deliverance of Rahab (2 e 6) as the gentile exodus. *Tyndale Bulletin*, vol. 65, n. 1, p. 11-19, jan./jul. 2014.

MARGUERAT, Daniel; BOURQUIN, Yvan. *Para ler as narrativas bíblicas*. São Paulo: Loyola, 2009.

MARSHALL, Ian H. et al. Fortificazione e assedio. *Dizionario Biblico GBU*. Roma: Edizioni GBU, 2008. p. 611-614.

MATTIES, Gordon H. *Joshua*: Believers Church Bible Commentary. Harrisonburg, Va: Herald Press, 2012.

MCKINLAY, Judith E. Rahab: a hero/ine? *Biblical interpretation*, vol. 7, n. 1, p. 44-57, jan. 1999.

MERLING, David. Rahab: the woman who fulfilled the word of YHWH. *Seminary studies*, n. 41, vol. 1, p. 31-44, mar./jun. 2003.

MEYER, Frederick B. *Joshua: And the Land of Promise*. Fort Washington, PA: CLC Publications, 2013.

MITCHELL, Gordon. *Together in the Land*: a Reading of the Book of Joshua. Sheffield: Sheffield Academic Press, 1994.

MORAN, William L. The Ancient Near Easter Background of the Love of God in Deuteronomy. *Catholical Biblical Quarterly*, vol. 25, n. 1, p. 86-87, 1963.

NAUDÉ, Jackie A. # 3049 חרם. In: VAN GEMEREN, Willem A. *Novo Dicionário Internacional de Teologia e Exegese do Antigo Testamento*. São Paulo: Cultura Cristã, 2011. vol. 2, p. 275-276.

NGUYEN, Dinh Anh Nhue. *Numeri*: introduzione, traduzione e commento. Cinisello Balsamo: San Paolo, 2017.

O'CONNELL, Robert H. # 8795 שׁוֹפָר. In: VAN GEMEREN, Willem A. *Novo Dicionário Internacional de Teologia e Exegese do Antigo Testamento*. São Paulo: Cultura Cristã, 2011. vol. 4, p. 68-69.

OLSON. Dennis T. *Numeri*. Torino: Claudiana, 2006.

ONISZCZUK, Jacek. L'analisi retorica biblica e semitica. *Gregorianum*, vol. 94, n. 3, p. 479-501, 2013.

POTER, J. R. *A Bíblia*: guia ilustrado das Escrituras Sagradas: história, literatura e religião. São Paulo: PubliFolha, 2009.

PRIOTTO, Michelangelo. *Esodo*. Milano: Paoline, 2014.

PUERTO, Mercedes Navarro. Mujeres y hospitalidad. In: ZARZOSA, Guadalupe Seijas de los Ríos (ed.). *Sal de tu tierra*: estudios sobre el extranjero en el Antiguo Testamento. Estrela/Navarra: EVD 2020. p. 107-126.

RÖMER, Thomas. *A chamada história deuteronomista*: introdução sociológica, histórica e literária. Petrópolis/RJ: Vozes, 2008.

RÖMER, Thomas; MACCHI, Jean-Daniel; NIHAN, Christophe. *Antigo Testamento*: história, escritura e teologia. São Paulo: Loyola, 2010.

SEMBRANO, Lucio. Straniera a Gerico: la salvezza giunge con Raab. In: SEMBRANO, Lucio. *Accogli lo straniero*: storie esemplari dell'Antico Testamento. Roma: Città Nuova, 2018. p. 64-78.

SHERWOOD, Aaron. A Leader is Misleading and Prostitute's Profession: a Re-examination of Josuah 2. *Journal for Study of the Old Testament*, vol. 31, n. 1, p. 43-61, set./nov. 2006.

SICRE, José Luis. *Josue*. Estella/Navarra: Editorial Verbo Divino, 2002.

SKA, Jean-Louis. *O Antigo Testamento*: explicado aos que conhecem pouco ou nada a respeito dele. São Paulo: Paulus, 2015.

SKA, Jean-Louis. *Our Fathers Have Told Us*: Introduction to the Analysis of Hebrew Narrative. Roma: Biblical Institute Press, 2000.

SONNET, Jean-Pier. L'Analisi Narrativa dei Racconti Biblici. In: BAUKS, Michaele; NIHAN, Christophe. *Manuale di Esegesi dell'Antico Testamento*. Bologna: Centro Editorial Dehoniano, 2010. p. 45-85.

STEK, John H. Rahab of Canaan and Israel: The Meaning of Joshua 2. *CTJ*, n. 37, vol. 1, p. 28-42, jan./jun. 2002.

VV.AA. *Guia para ler a Bíblia*. São Paulo: Paulus: 1997.

WALTHER, Eichrodt. *Ezechiele (Capitoli 1–24)*. Brescia: Paideia, 2001.

WEINFELD, Moshe. The Emergence of the Deuteronomic Moviment: The Historical Antecedents. In: LOHFINK, Norbert (ed.). *Das Deuteronomium*: Entstejung, Gestal und Botschaft. Leuven: Leuven University Press, 1995. p. 76-98.

WEISER, Artur. *Geremia (Capitoli 25,15–52,34)*. Brescia: Paideia, 1987.

WOOD, Leon J. *Hērem*. In: HARRIS, R. LAIRD; ARCHER, Gleason L. JR.; WALTKE, Bruce K. *Dicionário Internacional de Teologia do Antigo Testamento*. São Paulo: Vida Nova, 1998. p. 533-534.

WOOD, Leon J. *Zonah*. HARRIS, R. LAIRD; ARCHER, Gleason L. JR.; WALTKE, Bruce K. *Dicionário Internacional de Teologia do Antigo Testamento*. São Paulo: Vida Nova, 1998. p. 398-399.

ÍNDICE BÍBLICO

ANTIGO TESTAMENTO

Gn 1,1–2,4a 15, 85, 92
Gn 1,26-27 34
Gn 1,27-28 30
Gn 2,2 93
Gn 2,4b-25 15
Gn 4,1 57
Gn 4,22 99
Gn 12,1-3 31
Gn 12,3 105
Gn 12,4-9 19
Gn 12,7 38
Gn 13,15.17 38
Gn 15,18 38
Gn 16,2 53
Gn 16,4 53
Gn 17,1-27 31
Gn 17,8 38
Gn 18,1-5 55
Gn 18,1-15 60
Gn 18,19 57
Gn 19 60
Gn 19,1-4 55
Gn 19,1-29 60
Gn 19,32.25 53

Gn 22,1-19 68
Gn 22,4 39
Gn 24,7 38
Gn 29,5 57
Gn 29,13-14 55
Gn 30,3 53
Gn 32,23-33 71
Gn 34,26 102, 103
Gn 38,8 53
Gn 38,14 52
Gn 39,12.14 53
Gn 45,16–47,12 88
Gn 48 88
Gn 48,4 38
Gn 50,24-25 25
Gn 50,25 89
Ex 1,7.9 30
Ex 1,8 57
Ex 2,1 37
Ex 2,22 88
Ex 3,1–4,18 23, 26, 71
Ex 3,2-6 23
Ex 4,29 88
Ex 12,7.12-13 64

Ex 12,13 64
Ex 12,21-28 31
Ex 13,19 26
Ex 13,21-22 40
Ex 14 57, 79
Ex 14,5-31 40
Ex 14–15 58
Ex 14,15-31 23
Ex 14,24 79
Ex 15,14-16 57
Ex 15,16 59
Ex 15,19 89
Ex 15,21-22 57
Ex 15,22–18,27 72
Ex 17,8-16 22, 23, 72
Ex 17,9 74
Ex 17,13 102
Ex 17,14 73, 74
Ex 18,2-4 88
Ex 19,1–24,18 31
Ex 19,5-6 33
Ex 19,16.19 85
Ex 20,5 73
Ex 20,11 93
Ex 20,17 102
Ex 20,18 85, 90
Ex 20,18-21 90
Ex 23,4-5 102
Ex 23,20-33 61
Ex 23,27 57, 59
Ex 23,32-33 59, 61
Ex 24,4 73

Ex 24,13 22, 23
Ex 25,1–40,38 106
Ex 25–31 106
Ex 25,31-40 89
Ex 26,37 99
Ex 27,2-4 99
Ex 31,15 93
Ex 32,17 22, 23
Ex 33,11 22, 87
Ex 33,13 23
Ex 34,6 60, 74
Ex 34,6-7 74
Ex 34,7 73
Ex 34,10-28 61
Ex 34,13 23
Ex 34,14-16 53
Ex 34,27 73
Ex 35–40 106
Ex 37,17-24 89
Lv 1,1-17 95
Lv 4,1-12 95
Lv 25 85, 93, 96
Lv 25,9 85
Lv 25,23 96
Lv 27,21.28.29 95
Lv 27,29 95
Nm 1–25 81
Nm 10,33 91
Nm 11,28 22, 37, 87
Nm 12,1 88
Nm 13,1-2 49
Nm 13,1-24 50

Nm 13,1-33 47, 81
Nm 13,8 20, 50, 87
Nm 13,8.16 22
Nm 13–14 49
Nm 13,16 20
Nm 13,25 50
Nm 14 59, 79
Nm 14,6-9 50
Nm 14,9 79
Nm 14,20-38 50
Nm 14,30.38 22
Nm 14,44 91
Nm 16,16-32 73
Nm 17,4 99
Nm 20,1 26
Nm 20,1-11.12-13 89
Nm 20,22-29 26, 87
Nm 21,1-3 96
Nm 21,2-3 95
Nm 21,21-31 82
Nm 21,21-35 58
Nm 21,23-35 57
Nm 21,24 102
Nm 21,29 99
Nm 22,18 98
Nm 24,13 98
Nm 25,1 50, 51, 53
Nm 26 81, 84, 110
Nm 26,1-56 30
Nm 26,57-65 84
Nm 26,65 22
Nm 27,18-23 23

Nm 31,28.49 84
Nm 32 39
Nm 32,12 22
Nm 32,33 58
Nm 33,2 73
Nm 33,48-49 50
Nm 33,49 50, 51
Dt 1,19-46 50
Dt 1,22-25 47
Dt 1,38 22
Dt 2,14.16 84
Dt 2,24 82
Dt 2,26–3,11 57
Dt 3,18-20 39
Dt 3,28 38
Dt 4,1-9 74
Dt 4,20 100
Dt 4,39 57
Dt 5,9 73
Dt 5,12-15 93
Dt 5,21 102
Dt 5 22,11 102
Dt 5,25 89
Dt 6,4 110
Dt 7,1-5 59, 61
Dt 7,1-6 61
Dt 7,2 95
Dt 7,3 53
Dt 7,25 98
Dt 9,19 23
Dt 10,10 23
Dt 10,18 91

Dt 11,24 38
Dt 13,16 95
Dt 13,17 107
Dt 13,36 102, 103
Dt 18,2-10 47
Dt 18,26 89
Dt 20,1-20 79
Dt 20,13 102
Dt 20,16-18 61
Dt 20,17 95
Dt 22,1-4 102
Dt 22,13 53
Dt 23,19 52
Dt 28 30, 33, 81, 94, 98, 100, 110
Dt 28,12 100
Dt 28,23 100
Dt 28,48 100
Dt 28,69–30,20 31, 38, 81, 94, 110
Dt 29,16 98
Dt 31,3-4 57
Dt 31,7-8 38
Dt 31,7-8.14-15.23 23
Dt 31,9 73, 90, 92
Dt 31,9.22.24-26 73
Dt 31,9.25-26 91
Dt 31,16-18 53
Dt 32,34 100
Dt 32,44 20, 22
Dt 34 20, 26, 70, 84
Dt 34,5-8 37

Dt 34,7 24
Dt 34-9 23
Dt 34,9 20, 70
Dt 34,10 37, 57
Dt 34,10-12 24
Dt 34,12 37
Js 1,1 22, 37, 38, 70
Js 1,1-2 20
Js 1,1-5 22
Js 1,1-7 30
Js 1,1-9 25, 38, 70
Js 1,1.9.10 21
Js 1,1.13.15 37
Js 1,1-18 26, 36, 40
Js 1,2 37, 57
Js 1,2-3 38, 50
Js 1,2-4 38
Js 1,3-4 37, 38
Js 1,3-4.6 37
Js 1,3.6.11 29, 33
Js 1,5-8 57
Js 1,5.9 38, 109
Js 1,5.9.17 33
Js 1,6 38, 72, 111
Js 1,6-7.9 72
Js 1,6.7.9 38
Js 1,6-8.10-18 37
Js 1,6-9 24, 33, 111
Js 1,7 37, 74
Js 1,7-8 38
Js 1,8 32, 37, 72, 81
Js 1,8-9 72

Js 1,10 40
Js 1,10-11 39
Js 1,10-18 25
Js 1,11 50
Js 1–12 30
Js 1,12-18 39
Js 1,17 23, 109
Js 2 69, 70, 79, 83, 97, 103, 104, 105, 111
Js 2,1 79, 104
Js 2,1–12.24 25, 26
Js 2,1-21 79
Js 2,8-21 97
Js 2,9 83
Js 2–12 25
Js 2,15 103
Js 2,18.21 104
Js 2,23c 97
Js 2,24 83
Js 3,1 50, 110
Js 3,1-2 40
Js 3,1–4,18 39, 40
Js 3,1-5 40
Js 3,1-18 110
Js 3,1a 40
Js 3,2 40
Js 3,3 90, 91
Js 3–4 101
Js 3–5 59
Js 3,5 22
Js 3,6-17 40
Js 3,7 23, 40

Js 3,7–4,18 40
Js 3,10 58
Js 3,11.13 96
Js 3,32-35 33
Js 4,7.18 91
Js 4,10-11 40
Js 4,13 30
Js 4,14 23, 40
Js 4,14.23 40
Js 4,19-24 80
Js 4,23 23
Js 4,24 96
Js 5,1 58
Js 5,1-5 23
Js 5,2-9 31, 84
Js 5,2-12 80
Js 5,10-12 31, 84
Js 5,12 58
Js 5,13 70, 108
Js 5,13-15 23, 70
Js 5,14 74
Js 5,15 82
Js 6 42, 49, 53, 61, 62, 63, 65
Js 6,1–10,43 27
Js 6,8 91
Js 6,17 42
Js 7 42, 59, 62, 66, 71, 73, 82, 96, 97, 98, 110
Js 7,1 71, 73, 97, 110
Js 7,1.16-20 110
Js 7,1-26 71

Js 7,2 47, 49, 97
Js 7,2-5 97
Js 7,5d 98
Js 7,7 58
Js 7,16-26 73, 82
Js 8,1 59, 82
Js 8,26 95
Js 8,30-35 22, 31, 32
Js 8,33 91
Js 9 61, 96, 106
Js 9,1 58
Js 9,10 58
Js 9,23 106
Js 10,1.28 95
Js 10,5 58
Js 10,14 23
Js 11,1-12,24 27
Js 11,3 58
Js 11,15 33
Js 11,22-23 28
Js 12,2 58
Js 12,8 58
Js 13,1-22,34 25, 27
Js 13-22 25
Js 14,19-20 40
Js 15,13-19.63 28
Js 16,10 28
Js 17,12.18 28
Js 18,12 106
Js 18,21 106, 108
Js 19,47 28
Js 22 33
Js 22,1-34 27

Js 23 33
Js 23,1-16 25
Js 23,1–24,28 32
Js 23,3 29
Js 23,3.10 33
Js 23,5.14 33
Js 23,6-13 30, 33
Js 23,14 29
Js 23,15-16 111
Js 24 32, 86, 89, 109
Js 24,1-29 25
Js 24,8.12 58
Js 24,11 58, 86
Js 24,13 33
Js 24,14-27 31
Js 24,15 58
Js 24,18 33, 58
Js 24,25-28 31
Js 24,29 23, 24, 37, 109
Js 24,29-31 25
Js 24,32 25, 89
Js 24,33 26
Jz 1,1–2,5 28
Jz 1,19 28
Jz 1,22-25 50
Jz 1,23-25 47
Jz 2,3 28
Jz 2,6-9 31
Jz 2,17 53
Jz 3,1-6 28
Jz 3,6 53
Jz 3,13 108
Jz 3,27 85

Jz 6,34 85
Jz 7 83, 95
Jz 7,15-22 83
Jz 16,1 53
Jz 16,4-5 105
Jz 19 60
Rt 4,1-12 63
1Sm 2,33 107
1Sm 4,1-7,1 85
1Sm 4,3-5 91
1Sm 4,5 94
1Sm 10,24 94
1Sm 12 24
1Sm 13,3 85
1Sm 13,19 99
1Sm 14,18 85
1Sm 15 95
1Sm 15,33 107
1Sm 17,51-52 94
1Sm 19,12 63
1Sm 22,16-23 73
2Sm 1,1-14 73
2Sm 3,22-39 73
2Sm 6,15 85, 94
2Sm 10,5 49, 108
2Sm 12,15b-23 107
2Sm 13,11 53
2Sm 16,21 63
2Sm 17,17-21 47, 50
2Sm 21,4-6 98
1Rs 4,7–5,8 27
1Rs 4,19 58

1Rs 6,19 91
1Rs 7,23-26 99
1Rs 7,51 100
1Rs 8,1.6 91
1Rs 8,23 57
1Rs 8,51 100
1Rs 11,1-18 53
1Rs 13,2 21
1Rs 14,10 107
1Rs 15,15.19 98
1Rs 16,34 107
1Rs 21,21 107
2Rs 2 49, 99
2Rs 7,3-20 98
2Rs 9,30-31 63
2Rs 18,9 81
2Rs 18,19-35 102
2Rs 19,35 102
2Rs 21,26 21
2Rs 25,13-17 99
1Cr 15,25-26.28-29 91
1Cr 16,37 91
1Cr 17,1 91
1Cr 22,19 91
1Cr 23,15-17 88
1Cr 24,11 21
1Cr 28,18 91
2Cr 5,2.7 91
2Cr 15,14 85
2Cr 28,15 49
2Cr 31,15 21
Esd 1,1–6,22 84

Esd 2,2 21
Esd 2,34 49
Esd 3,2.8 21
Esd 10,8 95
Ne 3,19 21
Ne 4,12 85
Ne 4,14 79
Ne 7,36 49
Ne 9 24
Tb 4,15 61
Jt 12,9 53
1Mc 9,50 107
1Mc 16,11-24 107
Sl 1 38
Sl 1,6 57
Sl 29,3-9 89
Sl 37,18 57
Sl 44 24
Sl 47,6 85
Sl 68 24
Sl 76,8-10 21
Sl 78 24
Sl 80 24
Sl 81,4 85
Sl 83,19 57
Sl 91,4 105
Sl 91,7-8 104
Sl 98,6 85
Sl 105 24
Sl 106 24
Sl 136 24
Sl 136,19-20 58

Pr 2,16 53
Pr 5,3.20 53
Pr 7,5 53
Pr 7,10 52
Pr 22,14 53
Pr 23,27 53
Pr 24,27 52
Eclo 46,1 21
Eclo 46,1-8 24
Eclo 49,12 21
Is 1,21 53
Is 18,3 85
Is 34,2 95
Is 41,10 79
Is 42,13 94
Is 44,23 94
Is 45,21 21
Is 48,4 100
Is 48,8 57
Is 51,8 21
Is 55,9 67
Is 55,10-11 15
Is 66,6 89
Jr 1,5 57
Jr 2,2 29
Jr 3,1 53
Jr 3,3 52
Jr 3,16 91
Jr 4,5-6 85
Jr 5,7 52
Jr 11,4 100
Jr 18,21 107

Jr 25,9 95
Jr 28,14 100
Jr 31,29 73
Jr 50,12.16 95
Jr 50,15 94
Jr 51,3 95
Ez 18,2 73
Ez 23,44 53
Os 4,10-15 53
Os 4,15 52
Os 6,2 39
Os 9,10 29
Os 11,1-3 29
Jl 2,1 85

Jl 2,15 85
Jl 4,18 51
Jn 4,11 74
Mq 6,5 51
Mq 6,9 89
Sf 1,7 91
Sf 1,16 85
Sf 3,14 94
Ag 1,1.12-14 84
Ag 2,1-9.20-23 84
Zc 3,1-10 84
Zc 4,6b-10 84
Zc 4,11 84
Ml 2,12 107

NOVO TESTAMENTO

Mt 1,5 67
Mt 1,21 21
Mt 7,21-24 68
Mt 8,10-11 67
Mt 9,10 67
Mt 12,15-21 67
Mt 12,49-50 68
Mt 15,21-28 67
Mt 20,29-34 107
Mt 21,31 67
Mt 21,43 67
Mt 24,14 67
Mt 25,31-46 67
Mt 25,34 67

Mt 25,35.43 67
Mt 28,16-20 67
Mc 10,46-52 107
Lc 6,31 61
Lc 7,36-50 60
Lc 18,35-45 107
Lc 19,1-10 107
Jo 1,14 15
At 7,45 24
At 9,25 63
Hb 4,8 24
Hb 11,31 67
Tg 2,2 68

Rua Dona Inácia Uchoa, 62
04110-020 – São Paulo – SP (Brasil)
Tel.: (11) 2125-3500
http://www.paulinas.com.br – editora@paulinas.com.br
Telemarketing e SAC: 0800-7010081